Jan Stanisław Witkiewicz

Rudolf Nurejew

Jan Stanisław Witkiewicz

Rudolf Nurejew
Die Biographie

Mit einem Vorwort von Vladimir Malakhov

Aus dem Polnischen von Andreas Volk

Theater der Zeit

An der Entstehung dieses Buches waren viele Menschen beteiligt, die mit mir über Rudolf Nurejew gesprochen haben – und dafür möchte ich an dieser Stelle allen herzlich danken, insbesondere Christa Himmelbauer und Alex Ursuliak für ihre Offenheit und ihr Vertrauen.

Vorwort

Rudolf Nurejew ist bis heute ein Star. Unvergesslich, wie er als Tänzer, Choreograph und Ballettdirektor glänzte. Er war besessen, besessen vom Tanz. Ein Leben lang blieb er neugierig und unersättlich. Weltweit erfreute er sich großer Popularität und hielt das Publikum mit seiner virtuosen Technik und seiner Präsenz in Atem. Die Öffentlichkeit und die Medien verfolgten jeden seiner Schritte, zumal er der erste Balletttänzer im Kalten Krieg war, der aus der Sowjetunion flüchtete. Im Westen war das eine Sensation, in der Sowjetunion ein Skandal. Ich hörte seinen Namen zum ersten Mal, als ich in Moskau selbst bereits als Tänzer engagiert war.

In London begegnete Nurejew Margot Fonteyn, als sie sich auf ihren Abschied von der Bühne vorbereitete. Kurz darauf waren sie das Traumpaar des Balletts und bezauberten nicht nur Ballettkenner, sondern strahlten weit über das Theater hinaus. So wurden sie auch jenseits der Bühne zu Berühmtheiten und waren Teil des gesellschaftlichen Lebens. Das Ballett in die Gesellschaft hineinzutragen, ist auch immer mein Anliegen mit dem Staatsballett Berlin gewesen.

Er besaß die Ausstrahlung eines Popstars und war ebenso berühmt. Jedes Jahr hatte er weltweit mehr Auftritte vor ausverkauftem Haus als jeder andere Tänzer. Er musste unbedingt tanzen, weil der Tanz ihm alles bedeutete. Und er hat den Charakter dieser Kunst verändert, die Rolle des Tänzers zum Beispiel. Zu seiner Zeit galt der Tänzer als drittes Bein der Tänzerin, als eine Art Kran. Festhalten oder Hochheben, darum ging es bis dahin. Das hat er verändert. Er musste es tun, denn das Publikum kam hauptsächlich seinetwegen. Das Publikum kam, um den großen Tänzer, von dem alle sprachen, zu bewundern.

Rudolf Nurejew war eine Ausnahmeerscheinung auf der Bühne. Er besaß ein untrügliches Gespür für Theatralik und verlieh durch seine Inszenierungen klassischer Ballettwerke dem Genre neuen Atem. Ich erinnere mich vor allem an seine Choreographien von »Schwanensee«, »Nussknacker« und »La Bayadère«. Sein anspruchsvoller Arbeitsstil, der wie er selbst legendär war, beeinflusste eine ganze Generation von Tänzerinnen und Tänzern. Insbesondere für uns Tänzer hat er viel geschaffen: große Solovariationen für männliche Protagonisten. Diese großartigen Variationen sind extrem schwierig zu tanzen, aber gleichzeitig überragend. Jede Variation lässt dem Tänzer genügend Spielraum, sein ganzes Können, all seine Möglichkeiten zu zeigen. Ich persönlich bewundere Rudolf Nurejew für seinen starken Charakter, seine Ausstrahlung und die enorme Energie.

Nurejew ist immer noch eine Quelle der Inspiration, und deshalb freue ich mich, dass Jan Stanisław Witkiewicz nach zahlreichen Ballettbüchern nun eine Biographie über Rudolf Nurejew vorlegt, in der – neben dem, was wir an Nurejew so schätzen – auch unbekannte Seiten und neue Facetten von ihm sichtbar werden.

Vladimir Malakhov

Er starb unter unsäglichen Schmerzen. Jedes noch so kleine Stück Stoff auf seiner Haut war ihm eine Tortur. Er lag nackt da, mit Seide oder Kaschmir bedeckt. Nichts verschaffte ihm Erleichterung. Sein Körper sprach auf die Medikamente nicht mehr an. Jede Erhöhung der Dosis hätte ihn töten können. Er litt unvorstellbare Qualen. Aber er beklagte sich nicht. Nie, bis zu seinem Tod, hatte er sich in Selbstmitleid gefallen, nie gefragt: Warum gerade ich? Bis zum Ende glaubte er, die Wissenschaft würde ein Mittel gegen diese Krankheit finden und ihn retten. Er wartete geduldig, so geduldig, wie er die rasch fortschreitende Krankheit über sich ergehen ließ. Er lag im Krankenhaus Notre-Dame du Perpétuel Secours in Levallois-Perret, umgeben von Freundinnen, die sich abwechselnd um ihn kümmerten. Freunde hatte er kaum. Männer waren für Verträge, Choreographien und Sex da – aber nicht für Freundschaften. In seinem letzten Lebensabschnitt dachte er nicht mehr an Auftritte oder an den Sinn des Lebens. Er machte keine Pläne mehr. Alles war dem Körperlichen unterworfen, das konkret und allgegenwärtig war. Man konnte es am Gesicht sehen, das sich durch das Leiden verändert hatte. Dennoch kämpfte er, gab den Kampf nicht auf. Die Ärzte wunderten sich, dass er die wiederkehrenden Fieberschübe überstand, die für andere in seiner Lage tödlich gewesen wären. Er rang mit dem Tod. Aber geschlagen geben wollte er sich nicht. Mit übermenschlicher Anstrengung durchstand er die nächsten Krisen, die in immer kürzeren Abständen auftraten. Er litt und kämpfte. Verstummte. Einer Freundin, die an seinem Bett saß, drückte er einmal so stark die Hand, dass ein Krankenpfleger helfen musste, sie zu befreien. Man bat ihn aufzugeben ... In der Todesstunde war niemand bei ihm. Er starb am 6. Januar 1993. Am Vorabend des orthodoxen Weihnachtsfests.

Am 11. Februar wurde sein Leichnam, mit Frack und Mütze bekleidet, in einen einfachen Eichensarg gebettet und in seine Pariser

Wohnung am Quai Voltaire 23 gebracht. Dort wurde Nurejew im Salon auf einem Kaffeetischchen aufgebahrt, das eigentlich eine Truhe war, in der er Kelime aufbewahrte. Der Sarg blieb nach russischer Sitte offen, sodass Familie und Freunde sich von ihm verabschieden konnten. Die ganze Nacht wachte bei ihm Marcel, ein großer Schwarzer, der für schwere körperliche Arbeiten engagiert worden war – er hatte den Tänzer getragen. Am nächsten Tag fanden die Trauerfeierlichkeiten statt, erst in der Pariser Oper und schließlich auf dem Friedhof. Kurz vor seinem Tod hatte Nurejew verfügt, auf dem russischen Friedhof Sainte-Geneviève-des-Bois bei Paris beerdigt zu werden. Außerdem hatte er ausdrücklich bestimmt, dass sein Grab sich nicht neben dem von Serge Lifar befinden dürfe. Die beiden Ruhestätten liegen nur wenige Meter auseinander. Den in die Erde gelassenen Sarg schmückten Blumensträuße und Ballettschuhe. Alle Welt nahm von ihm Abschied, von überallher kamen Menschen zur Beerdigung. Manch einer war entsetzt über die schlechte Organisation der Feierlichkeiten. So nicht!, sagte sich J. N. Wieder zu Hause legte er genau fest, wie seine Beerdigung aussehen sollte. Er war nicht der Einzige. Die »New York Times« wiederum schrieb in ihrem Nachruf, ein Komet habe die Erde berührt und sei dann weitergeflogen.

Nach seinem Tod, erzählte Christa Himmelbauer, tauchte eine Verwandte auf, die sich ausschließlich für das interessierte, was man zu Geld machen konnte. Kurz vor seinem Lebensende hatte Rudolf ein Collier als Geschenk erhalten, das er in seinen letzten Stunden trug. Man beschloss, es ihm wieder anzulegen, sobald er für den Sarg hergerichtet war. Gesagt, getan. Als aber besagte Verwandte auf der Bildfläche erschien, riss sie ihm sogleich das Collier vom Hals, um den Schmuck zu veräußern ... Noch kurz vor seinem Tod hatte er sich einen Hund zugelegt, den er, nach einer Figur aus dem Ballett »La Bayadère«, Solor nannte. Marika Besobrasova machte sich über Nurejew lustig, das Tier sei doch kein Rüde, sondern eine Dame, und könne daher nicht Solor heißen. Er überlegte kurz und entschied sich dann für den Namen Solaria. Die Hündin erkrankte jedoch und war unansehnlich. Marika fuhr fast täglich mit ihr zum Tierarzt. Die restliche Zeit lag der

In der Kantine der Staatsoper Wien, 1964

Hund bei Rudolf im Bett. Als die Verwandte nun auf den Plan trat und bestimmte, was verkauft werden sollte, ordnete sie an, das Tier einschläfern zu lassen. Marika weigerte sich und nahm Solaria zu sich. Beim Verlassen der Wohnung nahm die Verwandte neben einer Reihe von Gegenständen auch Marikas Pelz aus dem Schrank mit. Marika, die dies bemerkte, bat sie, den Mantel zurückzugeben. Ein Streit brach aus. Die Verwandte beharrte darauf, dass der Pelz Rudolf gehöre und nun ihr zustehe. Marika entgegnete, sie sei mit diesem Pelz gekommen und werde mit ihm auch wieder gehen ... Und daneben lag Rudolf im Sarg.

Er starb als reicher Mann: Er hinterließ eine Ranch in Virginia, eine Villa am Meer auf der Karibikinsel Saint-Barthélemy, ein Sieben-Zimmer-Appartement mit Antiquitäten im legendären Dakota Building in New York, eine riesige Wohnung in Paris, vollgestellt mit kostbaren Antiquitäten, und eine Insel bei Neapel. Sein Vermögen wurde auf rund vierzig Millionen Dollar geschätzt. Am meisten erbte die von ihm gegründete Stiftung, die junge Tänzer unterstützte und laut Satzung nicht näher definierte »wissenschaftliche und medizinische Forschung« förderte. Die Antiquitäten wurden im Januar und November 1995 auf Auktionen in New York und London versteigert – das Interesse war groß. Einiges hatte er auch seinen engsten Verwandten vermacht, die das Testament jedoch anfochten und wesentlich mehr erhielten als Nurejew verfügt hatte. Im Übrigen hatte Nurejew von seinen Verwandten – manche von ihnen konnten im Laufe der Jahre aus Russland ausreisen – nicht die beste Meinung. Er half ihnen, jedoch, wie er selbst sagte, nur so weit, dass sie nicht vor Hunger starben und gezwungen waren, eine Arbeit aufzunehmen. Er sprach nur ungern von ihnen.

Tragisch war nicht nur das Ende, sondern in gewissem Sinne auch der Beginn seines Lebens. Kinder kommen in der Regel zu Hause oder im Krankenhaus zur Welt, aber nicht im Zug während einer mehrtägigen Reise. So aber geschah es in seinem Fall. Er erblickte das Licht der Welt auf einer Reise. Ein Geburtsakt mit Symbolcharakter. Sein ganzes Leben war eine fortwährende, nicht endende Reise. Auf dem Höhepunkt seiner Karriere besaß er sieben Immobilien über die ganze Welt verstreut, in denen er immer nur wenige Tage verbrachte. Im

Appartement in Monaco war er insgesamt ganze zwei Tage. Seine Eltern waren muslimische Baschkiren (ein alttürkischer Stamm, der für seine außergewöhnliche Kraft berühmt ist) aus der an dem Fluss Belaja gelegenen Stadt Ufa, auf halbem Weg zwischen Moskau und Sibirien. Früher wohnte die Familie in Moskau. Sie waren einfache Bauern gewesen. Die Revolution bedeutete für sie Freiheit. Der Vater ging als Politkommissar in die Armee. Er war in der Mandschurei stationiert, seine schwangere Frau sollte mit den Töchtern nachkommen. Mehrere Tage Zugfahrt. Von Ufa nach Wladiwostok. Später scherzte Nurejew, er sei aus der Mutter »herausgeschüttelt« worden. Und stets betonte er, er sei mit den Füßen zuerst zur Welt gekommen, am 17. März 1938, in der Nähe des Baikalsees, unweit von Irkutsk. Als der Krieg begann, kehrten sie nach Ufa zurück. Den Vater sahen sie erst Jahre später wieder, als der Krieg bereits zu Ende war.

In Ufa lebten sie in einem Zimmer, das sie mit einer anderen Familie teilten. Es gab keine Küche und kein Bad. Um seine Notdurft zu verrichten, ging man nach draußen. Der Ort war damals ein verschlafenes Nest. Autos waren eine Seltenheit. Allgegenwärtig war das Hämmern der vorbeifahrenden Züge. Oft saß Rudolf stundenlang auf einem Hügel und beobachtete, wie die Züge in der Ferne verschwanden. In die weite Welt fuhren. Das Rattern der Räder weckte ihn in der Nacht. Er fuhr mit den Zügen in die Welt hinaus. In seiner Phantasie. Moskau, Leningrad, London, Paris ... Er entfloh dem drei mal vier Meter großen Zimmer. Irgendwo dort musste es anders sein, besser. Und irgendwo dort war sein Platz. Nicht hier, wo sie nur mit Müh und Not über die Runden kamen. Er erzählte, als Kind hatte er Flaschen gesammelt und sie ausgespült im Laden gegen Pfand eingetauscht. Oder Kupfer und anderen Schrott. Auch Altpapier. Der Vater schickte nur selten Päckchen. Manche mit Schokolade, die sie mahlten und auf dem Markt als Kakao verkauften. An heißen Tagen bot er auf der Straße Wasser feil. Sie waren wirklich bitterarm. Als sie nichts mehr hatten, verscherbelte die Mutter die Hemden des Vaters. Von dem Geld kaufte sie eine Gans und Mehl. Auf dem Heimweg wurde sie von Wölfen angefallen. Sie zündete ihr Tuch an und schlug damit das Rudel in die Flucht.

Er hat diese Geschichte oft erzählt. Die stärkste Kindheitserinnerung, die ihn lange verfolgte, war der Hunger. Das ständige Hungergefühl. Geld und Reichtum bedeuteten für ihn vor allem eins: nicht hungern zu müssen.

Am Silvesterabend des Jahres 1943 schmuggelte ihn seine Mutter ins Theater. Dies sollte sein Leben verändern. Während der Ballettaufführung beschloss er, Tänzer zu werden. Begeistert betrachtete er den grünen Vorhang, der vom Schweinwerferlicht angestrahlt wurde. Nach der Ouvertüre gab der Vorhang den Blick frei auf die riesige Bühne mit den wundervollen Tänzern. Damals habe er gewusst, behauptete er später, dass Tanzen seine Bestimmung sei. Da er keine Schuhe hatte, trug ihn die Mutter auf dem Rücken zur Schule. Er musste die alten Sachen seiner Schwestern auftragen. In der Schule besuchte er die Volkstanzklasse. Er tanzte überall. Und sang. Der Vater, ein bekannter Kriegsheld, war entsetzt. Der einzige Sohn und dann so etwas. Erwischte er ihn beim Tanzen, schlug er ihn. Er wollte einen Kumpel als Sohn. Um mit ihm zum Beispiel auf die Jagd zu gehen. Beim ersten Mal, tief im Wald, packte er den kleinen Jungen in den Rucksack, damit er ihm nicht das Wild verscheuchte, und ließ ihn so zurück. Rudolf stand tausend Ängste aus, weinte. Als der Vater zurückkam, lachte er ihn aus. Die Mutter konnte das ihrem Mann nie verzeihen. Doch sie hatte nicht den Mut, sich ihm zu widersetzen. In der Schule erkannte man schnell Rudolfs Talent. Er bewegte sich zwar wie ein Mädchen und erst am Kostüm konnte man sehen, dass er ein Junge war, aber er war begabt, weshalb man ihm vieles nachsah. Er musste in allen Schulaufführungen auftreten, wurde bewundert und gehasst. Mit seinen Schulkameraden fand er keine gemeinsame Sprache. Die allgemeine Bewunderung stieg ihm zu Kopf. Neid war die Folge. Er wurde ständig in Prügeleien verwickelt. Die Lehrer mussten dazwischengehen und schlichten. Aber Rudolf war dickköpfig und wusste, was er wollte. Der Vater wurde in der Schule vorstellig. Er bat, der Sohn möge nicht Tänzer werden, sondern Ingenieur. Doch der Sohn ließ sich von seinem großen Ziel nicht abbringen. Die Lehrer halfen ihm dabei, so gut sie konnten. Der Konflikt mit dem Vater vertiefte sich. Der Sohn aber wurde immer besser.

Er tobte sich aus im Tanz. Das war seine Welt. Schon sehr früh hatte er gelernt, erinnerte sich Nurejew im Nachhinein, wie man sich auf der Bühne bewegen musste, um die anderen in den Schatten zu stellen.

Seinen Lebensweg kreuzte Anna Udelzowa, einstmals Ballerina in Sergei Djagilews Ballets Russes. Sie hatte einen zaristischen Offizier geheiratet, mit dem sie nach Ufa verbannt worden war, wo sie eine Ballettschule leitete. Udelzowa erkannte augenblicklich Rudolfs Ausnahmetalent. Sie hatte viele Schüler, aber nur Rudolf weckte ihr Interesse. Er war ein wilder, armer, ungebärdiger Tatarenjunge, sagte sie. Sie bewunderte seine Hingabe an den Tanz und seine außergewöhnliche Musikalität. Er lernte schnell neue Tanzfiguren und noch schneller ließ er die anderen Schüler hinter sich. Der Krieg mit dem Vater, der Ekel vor tanzenden Männern empfand, dauerte fort. Er werde es nie zulassen, verkündete er, dass sein Sohn Tänzer werde. Ertappte er ihn, wieder einmal beim Tanzunterricht gewesen zu sein, hagelte es Schläge. In nur einem Jahr lernte der Sohn alles, was Udelzowa ihm beizubringen vermochte. Ihr Mann unterrichtete ihn in guten Manieren. Das Einmaleins der Umgangsformen. Auch Hygiene und Körperwäsche zählten dazu. Udelzowa empfahl seinen Zögling einer Bekannten, einer Tänzerin am Mariinski-Theater. Schließlich besuchte er die Ballettschule am Operntheater in Ufa. Später tanzte er dort auch auf der Bühne. Im Sommer nahm er an einer einmonatigen Tournee teil. Er teilte das Zimmer mit dem Tänzer Albert Aslanow. Als dieser Jahre danach erfuhr, dass Rudolf homosexuell war, konnte er das nicht glauben. Sexualität war kein Thema gewesen, damals zumindest. Als hätte sie überhaupt nicht existiert. Es gab nur den Tanz. Und Rudolf investierte seine ganze Energie darauf. Endlich wurde er in ein Ballettensemble aufgenommen. Irgendwann kam der Moment, als es in Ufa für ihn nichts mehr zu lernen gab. Wollte er sich weiterentwickeln, musste er an eine renommierte Ballettschule wechseln. Er entschied sich für Leningrad. Es war der Traum eines jeden Tänzers, einmal im Kirow-Theater zu tanzen. Dem Tempel des klassischen Tanzes. Er benötigte dafür dreitausend Rubel. Zweimal in der Woche gab er in der Schuhfabrik Tanzunterricht. Heimlich kaufte er sich eine Zugfahrkarte. Seine

Schwester half ihm. Du hast nur diesen einen Zug und nur eine einfache Fahrkarte, sagte sie, du musst mit ihm fahren. Der Vater erlitt einen Zusammenbruch, als der Sohn seinen Koffer packte. Die Kinder sahen ihn damals zum ersten Mal weinen. Drei Tage dauerte die Reise nach Moskau. Dort auf dem Bahnhof verbrachte er einen ganzen Tag. Dann weitere sechzehn Stunden nach Leningrad. An einem frühen Morgen im August 1955 erreichte er sein Ziel.

Er lief direkt zur Schule des Kirow-Theaters. Dort waren Anna Pawlowa, Vaslav Nijinsky, Tamara Karsawina, George Balanchine ausgebildet worden ... Er kam in eine Klasse, in der die Schüler wesentlich jünger waren als er. Er teilte mit ihnen den Schlafsaal und einen strengen Stundenplan. Auch dort, wie überall, hatte die kommunistische Partei das Sagen. Abends durften die Schüler das Internat nicht verlassen, weshalb er schnell Probleme mit dem Direktor Walentin Schelkow bekam. Aber das war nicht der einzige Grund. Anfangs war er in Schelkows Klasse. Schnell wurde ihm jedoch klar, dass er an einen schlechten Pädagogen geraten war. Die Partei hatte diesen zum Direktor erkoren. Rudolf bemühte sich, die Klasse und den Lehrer zu wechseln. Ein sehr mutiger Schritt. Er ging zu Iwanowski, dem künstlerischen Leiter der Schule, und sagte, bleibe er in Schelkows Klasse, werde er bald zur Armee eingezogen. Es sei also besser, er besuche die Klasse von Alexander Puschkin. Seinem Wunsch wurde stattgegeben. Der Direktor konnte das nicht verwinden und schikanierte ihn bei jeder sich bietenden Gelegenheit. Puschkin prägte Nurejew vermutlich so stark wie sonst niemand. Aus seinen Schülern vermochte er alles herauszuholen, was an Talent in ihnen schlummerte. Er war ein ausgezeichneter Tänzer, obwohl als Mann nicht unbedingt eine attraktive Erscheinung. Im Ausdruck und Stil war er perfekt. Seine Schrittfolgen ließen sich sehr gut tanzen. Geradezu wunderbar, erinnerte sich Nurejew. Sie auszuführen, war eine große Freude, ein Riesenvergnügen. Er wusste, was er tun musste, damit uns das Tanzen leichtfiel und der Unterricht angenehm war. Wir wurden immer besser. Nichtsdestotrotz mussten wir hart an uns arbeiten. Er sagte nie, etwas müsse so oder anders gemacht werden. Selten korrigierte er uns. Sein Unterricht war weder Moden unterworfen noch folgte er einer bestimmten Methode. Die Schrittkombinationen, die er uns gab, begeisterten alle. Er verband den Tanz mit Musik und Emotionen. Schritte und Gesten mussten ausdrucksvoll ausgeführt werden. Nie mechanisch. Das Tanzen unter seiner Aufsicht machte einfach Spaß. Es war jedes Mal wie eine Aufführung. Aber nicht nur er hat meine Auffassung vom Tanz beeinflusst. Natalja Dudinskaja, Primaballerina des Ensembles, brachte mir die Grundlagen des klassischen Stils bei. Die Musikalität, die Präsenz, das Gefühl für Körperspannung. Ihre Auftritte waren herrlich. Niemand hat Raymonda besser getanzt als sie.

Er fiel mir in der mittleren Klasse der Kirow-Schule auf, sagte Dudinskaja. Er muss sechzehn Jahre alt gewesen sein. Schon damals konnte man sehen, dass er ein Gefühl für Stil und Form hatte. Das strömte einfach aus ihm heraus. Woher hatte er dieses Gefühl für das Schöne und die Musikalität? Er kam aus Ufa und besaß im Grunde keine Ausbildung. Aber das Überraschende war, dass er am Ende seiner Ausbildung ein fertiger und kompletter Tänzer war.

Sein Starrsinn brachte ihm nur Probleme ein. Er machte, was er wollte. Regeln befolgte er nicht. Heimlich besuchte er die Ballettvorstellungen im Kirow-Theater. Das war verboten. Wie überhaupt das Verlassen des Internats nach Einbruch der Dunkelheit nicht gestattet war. Im ersten Jahr sah er sich »Schwanensee« an. Als er nach der Vorstellung ins Internat zurückkehren wollte, stand er vor verschlossenen Türen. Er musste lange klopfen, bis ihm jemand öffnete. Die Strafe folgte auf dem Fuß. Man nahm ihm die Matratze weg, er bekam weder Frühstück noch ein Brötchen in der Mittagspause. Das Frühstück nahm er bei Freunden zu sich. Woraufhin er sich natürlich zum Unterricht verspätete. Als der Lehrer ihn nach dem Grund seines Zuspätkommens fragte, antwortete er: Ich war gestern im Theater und das hat den Internatsleiter verärgert. Die Nacht musste ich auf der Fensterbank verbringen und heute habe ich nichts zu essen bekommen. Das nächste Mal werde ich sicherlich gezüchtigt. Der Direktor war furchtbar wütend. Es hätte einen Riesenskandal gegeben, wenn dies nach draußen gedrungen wäre, also versuchte man ihm einzureden, dass im Grunde doch nichts passiert sei. Damals dachte ich, sie würden mich von der Schule werfen.

Er durfte bleiben und weiter Schüler der großen russischen Tradition des klassischen Tanzes sein, die Poesie der Bewegung erlernen. Aber er war unabhängig. Was irritierend sein konnte. Schließlich gab es gewisse Regeln und Grundsätze. Die ihm allerdings häufig nichts bedeuteten. Und doch hatte er im Laufe dreier Schuljahre durch systematische Arbeit alle anderen überflügelt. Obwohl er nicht der geborene Tänzer war, was das Körperliche betraf. Er war ungewöhnlich »hart«, und es bedurfte vieler Übungen, damit seine Muskeln geschmeidig wurden. Er konnte nie – zum Beispiel bei der Arabesque – das Bein besonders hoch heben. Alles musste er sich hart erkämpfen. 1958 schloss er seine Ausbildung ab und gewann gleich darauf einen renommierten Ballettwettbewerb in Moskau. Er tanzte Variationen aus »Le Corsaire«. Danach erhielt er Angebote aus Moskau und Leningrad. Er entschied sich für das Kirow-Theater. (Das Theater trug von 1935 bis 1992 den Namen des kommunistischen Parteifunktionärs Sergei Kirow und ist sonst als Mariinski-Theater bekannt, benannt nach der russischen Kaiserin Marija Alexandrowna). Er begann bei uns zu tanzen, erinnerte sich Dudinskaja, und mir wurde schnell klar, dass er ein außergewöhnlicher Künstler war. Ich ging ein hohes Risiko ein, als ich ihm vorschlug, in »Laurencia« mein Partner zu sein. Es war seine erste große Rolle. Ich erinnere mich gern daran. Damals habe ich beinahe mein Herz an ihn verloren. Ohne Gefühle kann man dieses Ballett nicht tanzen. Er war nicht nur ein großer Tänzer, sondern auch ein großer Schauspieler. Dudinskaja schärfte Nurejew vor der Premiere ein, keine Rücksicht auf sie zu nehmen, schließlich sei Laurencia ihre Paraderolle, er solle bloß an sich denken. Daher auch die Momente – die von jedermann bemerkt wurden –, in denen Nurejew mehr mit sich selbst als mit seiner Partnerin beschäftigt war. Dem Publikum entging nicht, dass er die Rolle anders tanzte, dennoch wurde sein Auftritt, der – wie ein Kritiker schrieb – an den Ausbruch des Vesuvs erinnerte – mit großer Spannung aufgenommen. Natürlich störte sich mancher an dem Altersunterschied: Er war einundzwanzig Jahre alt, sie sechsundvierzig. Aber gerade seine Jugend beflügelte Dudinskaja, ähnlich wie später Margot Fonteyn. Das erste Mal sah ich ihn im Ballett »Laurencia«, erinnert sich Alex Ursuliak. Er war damals ein Tänzer, dem noch der letzte Schliff fehlte. Vielleicht, weil er mit dem klassischen Ballett recht spät angefangen hatte. Trotz allem sah man, dass er als Tänzer eine große Zukunft vor sich haben würde. Er hatte auf der Bühne eine ungewöhnlich attraktive, ich würde sogar sagen, eine erotische Ausstrahlung. Außerdem war er überaus selbstbewusst. Dieser Mensch blühte vor einem Publikum förmlich auf.

Ende 1959 zog sich Nurejew einen Bänderriss zu. Laut Diagnose der Ärzte würde er zwei Jahre mit dem Tanzen pausieren müssen. Dies war für ihn das Ende der Welt. Als ihn Alexander Puschkin im Krankenhaus besuchte – aus dem Lehrer war inzwischen ein Freund geworden –, bat Rudolf, bei ihm wohnen zu dürfen. Dank der Pflege Puschkins und dessen zehn Jahre jüngerer Frau Ksenija Jurgenson – sie war damals zweiundvierzig – konnte Nurejew bereits nach zwei Wochen wieder trainieren. Und kurze Zeit später hatte er mit Puschkins Frau eine Affäre. Ksenija, eine Tänzerin des Kirow-Theaters, die ihre Karriere hatte beenden müssen, verbrachte die Tage zu Hause, während ihr Mann in der Schule und im Theater arbeitete. Sie kümmerte sich um Nurejew. Und zwar gründlich. Sie kochte für ihn ausgesuchte Speisen, führte ihn aus ins Theater und in Konzertsäle, empfahl ihm Bücher und machte ihn mit ihren Freunden – allesamt faszinierende Persönlichkeiten – bekannt. Ein weiterer Schritt in Nurejews Erziehung, der selbst die kleinste Mahlzeit an einem festlich gedeckten Tisch mit weißer Tischdecke, Porzellan, Kristall und Kerzen einnahm. Überdies war Ksenija einer der wenigen Menschen, deren fachliche Meinung er akzeptierte. Einmal kritisierte sie nachmittags eine seiner beiden Pirouetten in der Arabesque. Abends wartete man mit dem Essen auf ihn. Doch er kam nicht. Erst gegen Mitternacht tauchte er auf. Auf die Frage, warum er so spät zurück sei, antwortete er, er habe schließlich erst einmal eine ordentliche Doppelpirouette hinbekommen müssen. Seine Einstellung zur Arbeit erinnerte an Galina Ulanowas Worte, Talent müsse durch harte und beständige Arbeit gestützt werden und mit Übung könne man alles, aber auch alles erreichen. Wirf eine Fünfrubelmünze auf den Boden, sagte sie, und lerne auf ihr eine Fouetté zu drehen.

Und dann gab es die kubanische Tänzerin Menia Martinez, eine exotische Schönheit, die sich kurz nach ihrer Ankunft in Leningrad in Nurejew verliebte. Es schien, als beruhte dieses Gefühl auf Gegenseitigkeit. Nach Abschluss der Ausbildung musste sie nach Kuba zurückkehren. Am Tag der Abreise waren Proben mit Dudinskaja und Nurejew geplant, zu denen Rudolf aber nicht erschien. Auch auf dem Bahnhof war er nicht unter den Freunden und Bekannten, die Martinez verabschiedeten. Als der Zug sich bereits in Bewegung setzte, stand Nurejew plötzlich in der Tür des Abteils und erklärte, mit ihr zu fahren. Den ganzen Weg über nach Moskau sprachen sie darüber, was zu tun sei, um zusammenzubleiben. Zuvor war Nurejew nicht allzu viel an ihr gelegen. Als eine Freundin ihm sagte, er solle ein Mann sein und um Martinez' Hand anhalten, antwortete er, er wisse, dass sie Recht habe, das aber würde einen Schatten auf seine Biographie werfen. Jetzt, als Martinez wirklich fahren musste, begann Nurejew, um sie zu werben. In ihrer letzten Nacht in Moskau machte er ihr angeblich einen Heiratsantrag. Und er begleitete sie zum Flughafen. Den beiden war klar, dass sie sich vielleicht nie wiedersehen würden. Die Mädchen verliebten sich reihenweise in Nurejew. Auch die Homosexuellen, die einen sechsten Sinn zu haben schienen, ihresgleichen zu erkennen, buhlten immer stärker um Nurejews Gunst. Marietta Frangopoulo, die damalige Kuratorin des Museums der Kirow-Schule, behauptete, Nurejews wahre sexuelle Neigungen seien bereits sehr früh zu erkennen gewesen. Sie habe ihm sogar gesagt, dies sei ganz normal, und er solle aufhören, sich dafür zu schämen.

Im Kirow-Theater studierte Nurejew, wie alle anderen Solisten, neue Rollen ein, probte und wartete auf seinen Einsatz. Manchmal wochenlang. 1959 trat er beispielsweise im Verlauf von drei Monaten lediglich zwei Mal im Quartett der Sarazenen-Krieger in »Raymonda« auf (am 13. und 25. März). Wobei er tanzte – wie es eine seiner Freundinnen ausdrückte –, als hätte man ihn zu Zwangsarbeit verurteilt. Aber wenig später war er mit Ninel Kurgapkina in »Gajane« zu sehen, wo er

Armen, den Bruder der Titelheldin, verkörperte. Die zweite Vorstellung tanzte er perfekt, wenngleich seine wilde Technik nicht jedermanns Geschmack war. Man behauptete, es habe ihm damals an Kultur gefehlt, er habe diese erst im Westen erworben, erst dort sei er zu einem hervorragenden Tänzer gereift. Später, bereits nach seiner Flucht, sagte er: In Leningrad war es sehr schwer. Im Kirow-Theater gab es zwei Schulen. Eine traditionelle, die nichts ändern wollte, nicht einmal das Kostüm oder die Perücke. Dieser Schule gehörte Konstantin Sergejew an. Und eine zweite, die den Tanz ein wenig modernisieren wollte. Ich zählte mich natürlich zu den »Modernisierern«, weshalb ich bei der Theaterdirektion nicht gut angeschrieben war. Man wollte nicht, dass ich zu häufig auftrete, und manche Rollen gab man mir prinzipiell nicht.

Innerhalb von drei Jahren stieg Nurejew zum berühmtesten und besten Tänzer seiner Generation auf. Sein Unabhängigkeitsdrang missfiel jedoch auch den damaligen Machthabern. Man traute ihm nicht und beobachtete ihn misstrauisch. Sie hatten Angst, dass ich Reißaus nehme, erinnerte er sich. Als ich zu Auftritten nach Wien fahren sollte, verhörten sie meine Mutter. Sie befürchteten, dass ich nicht zurückkommen würde. Aber daran habe ich damals noch gar nicht gedacht. Er schloss sich der Gruppe der Balletttänzer um Kurgapkina an, die mit Bussen nach Wien gekarrt wurde. Recht schnell entdeckte er in ihr eine verwandte Seele, da sie, wie Baryschnikow es bezeichnete, Eier in der Hose hatte – was ganz nach seinem Geschmack war. Man fuhr mit vierzig Bussen zu den Weltfestspielen der Jugend. In Wien versuchten russische Emigranten, Boris Pasternaks Roman »Doktor Schiwago« in die Busse zu werfen. Aber jedes Buch wurde sofort konfisziert. In Wien begegnete er durch Zufall in der kubanischen Delegation Martinez. Aber die Flamme der Leidenschaft, die einst gelodert hatte, war erloschen.

Roland Petit erinnerte sich, Nurejew das erste Mal in Wien gesehen zu haben. Er trat mit dem Kirow-Theater auf, während ich mit meiner Kompanie »Cyrano de Bergerac« tanzte. Nach der Vorstellung traf ich einen jungen Kosaken (ein Irrtum, denn er war Tatar), fast noch ein Kind, voller Enthusiasmus. Er hatte zum ersten Mal ein westliches

Ballett gesehen, ein neoklassisches Ballett. In ihm waren bereits die Kraft und der Wille, alle Bindungen zu kappen, was kurz darauf dann geschah. Jahre später sprach Petit auch von Nurejews lachenden Augen, die auf ihn einen derart großen Eindruck gemacht hatten, dass sich die Begegnung in sein Gedächtnis eingrub. Im Wettbewerb tanzte Nurejew mit Alla Sisowa den Pas de deux aus »Le Corsaire«. Als einziges Paar erhielten sie die Höchstnoten, doch die Goldmedaille mussten sie sich mit Natalja Makarowa, Juri Solowjew, Wladimir Wassiljew und Jekaterina Maximowa teilen. Nurejew war darüber empört und erklärte, auf diese Art von Gleichheit verzichten zu können. Er blieb der Preisverleihung fern.

Nurejews Eltern kamen nach Leningrad, um ihn das erste Mal in einem großen Theater in einer abendfüllenden Vorstellung tanzen zu sehen. Er trat in der Rolle des Solor in »La Bayadère« auf. Damals setzte sich beim Vater die Einsicht durch, dass sein Sohn trotz allem die richtige Wahl getroffen hatte. Die Eltern beherrschten die russische Sprache nicht sehr gut, also unterhielt man sich auf Tatarisch. Häufig sah man, wie Nurejew in die Tasche griff und den Eltern Geld zusteckte. Der Vater war tatsächlich stolz auf seinen Sohn und erzählte nach der Rückkehr allen davon. Das wichtigste Debüt hatte Nurejew allerdings noch vor sich. Am 12. Dezember 1959 tanzte er zum ersten Mal die Rolle des Prinzen in »Giselle« mit Irina Kolpakowa. Man erwartete seinen Auftritt mit Spannung, da allen klar war, dass dies eine wichtige Aufführung werden würde. Und die Erwartungen wurden nicht enttäuscht. Neu war nicht nur das Kostüm von Nurejew (ein Trikot mit einer kurzen, hautengen Jacke), sondern auch die diversen Änderungen seiner Tanzschritte und die Führung der Figur des Albert. Mit Kolpakowa und Nurejew, sagte Sergei Wikulow, ein Kollege Nurejews, nach der Vorstellung, hatten wir auf der Bühne ein Mädchen und in der Rolle des Jungen ein zweites Mädchen, deren Liebe nicht überzeugend war. Faina Rochind hingegen musste an Ulanowa, Dudinskaja, Wachtang Tschabukiani, Pawlowa und Nijinsky denken, als sie Nurejew tanzen sah, und sagte sich, in Zukunft würde man seinen Namen in einem Atemzug mit den ganz Großen der Zunft nennen müssen. Mehrheitlich herrschte die Ansicht vor, dass dies Nurejews wichtigster Auftritt in Leningrad gewesen sei.

Außerhalb des Ballettsaals führte Nurejew ein zunehmend ausschweifendes Leben. Immer mehr Mädchen und Frauen waren um ihn herum oder suchten seine Nähe. Das galt auch für das männliche Geschlecht. Kurz vor seinem Tod vertraute er einem ehemaligen Schulkameraden aus Leningrad an, er hätte mit Ksenija Jurgenson ein Kind haben können. Puschkin wusste weder etwas von der Schwangerschaft noch von der Abtreibung, eine – nicht nur damals – sehr verbreitete Praxis. Auch Ninel Kurgapkina soll von ihm schwanger gewesen sein. Außer ihr erwarteten zwei weitere und später im Westen drei Frauen von Nurejew ein Kind. Hieß es. Dennoch war es kein Geheimnis, dass Nurejew sich einen Sohn wünschte. Am liebsten hätte er sich selbst geklont. Heute lässt sich nicht mehr mit Sicherheit feststellen, ob dies Nurejews Phantasien waren oder die von Frauen, die auf diese Weise mangelndes Selbstwertgefühl kompensierten – vielleicht war es aber auch bloß die Wahrheit. Ninel sagte beispielsweise einmal, alle hätten gedacht, sie seien ein Liebespaar, aber dem war nicht so. Wir hatten ein Verhältnis, erzählte sie, aber wir waren nie miteinander im Bett.

Mit jedem Auftritt und jedem Erfolg wurde Nurejew unerträglicher. Er ließ sich partout nichts sagen und tat nur das, was er selbst für richtig hielt. Er ignorierte die Choreographie und tanzte, wie es ihm gefiel. Dies führte zu immer größeren Konflikten. Er war bereit, sein Debüt in »Don Quichotte« abzubrechen, nur um zu beweisen, dass er sich durchsetzte. Der erste Akt verlief noch ohne Überraschungen. Als aber die Pause, die zwanzig Minuten dauern sollte, sich über eine Stunde hinzog, war klar, dass es ein Problem gab. In der Garderobe erklärte Nurejew, er werde nicht in kurzen Hosen (damals unverzichtbares Element des Männerkostüms) auftreten, denn diese würden seine Beine optisch verkürzen und überhaupt grauenvoll aussehen. Im Westen tanzten die Männer bereits seit Jahren in Trikots. Entweder in einem Trikot oder er werde überhaupt nicht auftreten. Schließlich gab die Direktion nach, und Nurejew erschien auf der Bühne ... fast nackt. Den Zuschauern verschlug es den Atem, sie waren an die dünnen Trikots, die das männliche Gesäß umspannten, nicht gewöhnt. Von da an traten die Tänzer im Kirow-Theater jedoch nur noch in Trikots auf.

Zur Strafe wurde er gemeinsam mit Ninel Kurgapkina auf Tournee in die DDR geschickt. Sie traten auf mit ... Zirkusartisten. Wahrscheinlich war es auf dieser Reise, dass Nurejew zum ersten Mal einen Mann auf den Mund küsste. Heinz Manniegel, Tänzer an der Berliner Staatsoper, mit dem Nurejew enge Freundschaft schloss. Und zum Abschied, vor der Rückfahrt nach Leningrad, umarmte er Heinz und küsste ihn voller Leidenschaft. Kurz darauf, nach einer gerade einmal zweiwöchigen Bekanntschaft, heiratete Manniegel. Dagegen galt Nurejews ganzes Interesse seinerzeit Teja Kremke, einem Achtzehnjährigen aus der DDR, der an der Kirow-Schule lernte. Mit ihm verband Nurejew eine – auf indianische Weise besiegelte – Blutsbrüderschaft. Kremke, der bereits in der Berliner Schule unter der Dusche mit einem Mitschüler erwischt worden war, führte ihn, wie Nurejew später erzählte, in die Kunst der männlichen Liebe ein. Beide hatten Erfahrungen mit dem anderen Geschlecht. Als Nurejew im Westen blieb, wurde Kremke verhört. Ausführlich berichtete er über ihre Beziehung, er behauptete, ausgenutzt worden zu sein, alles sei von Nurejew ausgegangen. Es war offensichtlich, dass er log, er wusste, dass es Nurejew nicht mehr schaden konnte, ihm aber schon, also stellte er sich als Opfer dar.

Am 11. Mai 1961 fuhr das Ballettensemble des Kirow-Theaters nach Paris. Anschließend sollte es nach London weitergehen. Nurejew wurde im allerletzten Moment für diese Gastspielreise verpflichtet. Und auch nur auf ausdrücklichen Wunsch des französischen Agenten. Vom Pariser Flughafen wurden die Tänzer mit dem Bus zum Hotel Moderne am Place de la République im dritten Arrondissement gebracht. Nurejew teilte das Zimmer mit dem gleichaltrigen Juri Solowjew. Das Ensemble des Kirow-Theaters tanzte in der Pariser Oper drei Programme. Nurejew trat erst am zweiten Abend auf. Die Vorstellung am ersten Tag fand weder bei der Kritik noch beim Publikum sonderlichen Anklang. Erst Nurejews Auftritt in der Rolle des Solor in »La Bayadère« löste Begeisterungsstürme aus, wenngleich seine Kollegen ihm vorwarfen, er habe die Rolle eigenmächtig geändert, das Tempo verdoppelt und

Bühnenprobe mit Margot Fonteyn, »Schwanensee«, Wien 1964

dadurch zweimal das Gleiche ausgeführt. Sie meinten, es habe sensationell ausgesehen, es sei aber nicht korrekt gewesen. In Wirklichkeit hatte er die Variationen aus »Le Corsaire« getanzt, was aber nur den wenigsten aufgefallen war. Ein Kritiker in »Le Monde« schrieb, Nurejew habe seine eigene Variation arrangiert und Figuren gezeigt, die man nie zuvor gesehen habe. Seine Auftritte waren ein Ereignis. Paris lag ihm zu Füßen. Ich habe ihn hundertmal auf der Bühne gesehen, erzählte Pierre Lacotte, aber er hat nie wieder so getanzt wie damals in Paris. Nie wieder! Als Prinz in »Dornröschen« verzückte er das Pariser Publikum, erinnerte sich Dudinskaja. Wir alle standen in seinem Schatten. Es war ein außergewöhnlicher Erfolg, sein Erfolg, es war eine echte Sensation. Und Maude Lloyd, Tänzerin und Ballettkritikerin, gab zu Protokoll: Ich habe ihn zum ersten Mal in Paris gesehen. Eine Woche später sollte das Ballett nach London kommen. Es war unglaublich, wir wussten ja nicht einmal, wer dieser junge Tänzer ist, der den Part des Prinzen tanzt. An den Vorabenden feierte er einen derart überwältigenden Erfolg, dass der Direktor die anderen eingeplanten Tänzer in Paris nicht auftreten ließ – er wollte nur Nurejew. In dem Moment, in dem er auftrat, gehörten die Bühne und das Publikum ihm ganz allein. Er war fast arrogant in der Rolle des Prinzen, er spielte ihn nicht, er war der Prinz. Sein Spiel mit der Ballerina war brillant, voller Eleganz und Harmonie. Schon beim ersten Solo sah man sein außergewöhnliches Talent. Die Welt suchte damals nach Idolen, sagte Alex Ursuliak, und Nurejew war der neue James Dean. Wie eine exotische, bunte Blume, die bis dahin unentdeckt war. Er hatte eine ungewöhnlich starke erotische Ausstrahlung. Er war zugleich männlich und weiblich und zeigte das so, dass Männer und Frauen sich in ihn verliebten. Sie waren gebannt von seinem Charisma, und er machte sich das zunutze. Er wollte die Nummer eins sein. Mit seiner Präsenz füllte er die Bühne aus, er beherrschte sie, die anderen waren nur Statisten. Er zeichnete sich durch eine animalische Kraft aus und war bereit, Kopf und Kragen zu riskieren, in jederlei Hinsicht. Niemand hatte das bis dahin gewagt. Nurejews Schauspiel musste man einfach gesehen haben. Es war ein Spektakel, im positiven Sinne dieses Wortes. Er verwandelte das Ballett in ein Happening. Bei seinen Auftritten machte er mehr als notwendig. Das war großes Theater!

Während das Ensemble mit dem Bus durch Paris kutschiert wurde, zog Nurejew auf eigene Faust los, traf sich mit französischen Tänzern und begeisterte sich für die Stadt. Er besuchte ein Konzert – zum ersten Mal hörte er Kantaten und Sonaten von Bach in der Interpretation von Yehudi Menuhin. Die ganze Zeit über wurde er von zwei KGB-Agenten beschattet. Er nahm zwar am offiziellen Empfang in der russischen Botschaft teil, auf dem Kulturministerin Jekaterina Furzewa ihrer Hoffnung Ausdruck verlieh, ihn häufiger tanzen zu sehen, ging aber ansonsten seiner eigenen Wege. Einen freien Abend verbrachte er mit französischen Tänzern und Fans im Café »Les Deux Magots« am Boulevard Saint-Germain. Er stöberte in Buchhandlungen, Boutiquen und Läden, fasziniert von der Menge und Vielfalt von allem. Oft wurde er von Clara Saint begleitet, die er über die französische Tänzerin Claire Motte kennengelernt hatte. Saint war wahrscheinlich CIA-Agentin – dies behaupteten zumindest die Agenten des KGB, der über irgendwelche Dokumente verfügte, die das nahelegten. Es hieß auch, sie habe eine Affäre mit Nurejew gehabt, was sie aufs Energischste bestritt. Sie war mit dem Sohn des damaligen Kulturministers liiert gewesen. Ihr Verlobter war bei der Rückkehr aus dem Süden Frankreichs zusammen mit seinem Bruder in ihrem Auto im Département Côte-d'Or verunglückt, beide waren auf der Stelle tot. Man wunderte sich, dass sie nach all dem ins Ballett ging, aber es half ihr, die Tragödie zu vergessen. Am letzten Abend in Paris tanzte Nurejew in »La Bayadère«. Nach der Vorstellung machte er mit Saint im Bois de Boulogne einen Spaziergang. Er war traurig, weil er fürchtete, Paris nie wiederzusehen. Französisch war für ihn ein Buch mit sieben Siegeln. In Leningrad, erzählte er später, lebte eine ältere Frau, die Französisch sprach und mir Unterricht anbot, als Gegenleistung sollte ich jeden Morgen ihren Nachttopf hinaustragen. In ihrer Wohnung gab es keine Toilette. Das war unter meiner Würde. Heute sage ich den jungen Leuten: Wenn ihr im Leben etwas erreichen wollt, müsst ihr lernen und wenn nötig dafür auch Nachttöpfe ausleeren.

In Paris lernte Nurejew Pierre Lacotte kennen, mit dem er schon bald jede freie Minute verbrachte. Er war begierig, Neues kennenzulernen, wollte alles sehen und verstehen. Im Gespräch erfuhr er beispielsweise, dass Lacotte in der Pariser Oper in »Le spectre de la rose« auftrat. Diese Rolle war für Vaslav Nijinsky enorm wichtig gewesen – und Nurejew hielt sich für Nijinskys Nachfolger. Er sah sich Fotografien an, die den großen Tänzer in dieser Rolle zeigten. Betrachtete den mit Rosenblättern bedeckten Kopf. Studierte den Stil des Balletts. Lacotte sollte ihm die Rolle beibringen. Als dieser eine übertriebene und schiefe Handhaltung korrigierte, um die Bewegung eleganter durchzuführen, protestierte Nurejew, er solle ihn in seiner Inspiration nicht stören. Sie übten im Studio von Claire Motte und wurden schnell Freunde. Jetzt gehörst du zu meiner Familie, sagte Nurejew. Er sprach von sich, von seiner Kindheit, vom Kirow-Theater, von seinem Lehrer Puschkin, davon, dass er in Leningrad erstickte und keine Luft bekam, erzählte aber nichts Intimes. Er war damals, erinnerte sich Lacotte, sehr diskret. Ich wusste gar nicht, dass er schwul war. Ergriffen erzählte Lacotte auch von einem Vorfall, der sich während einer Aufführung des »Schwanensees« zugetragen hatte. Zu Beginn des dritten Akts rutschte Nurejew in der Variation aus und fiel hin. Das kann passieren. In diesem Fall steht der Tänzer oder die Tänzerin auf und tanzt weiter. Nurejew gab dem Dirigenten ein Zeichen, die Musik zu unterbrechen und verließ die Bühne. Das Publikum erstarrte und wartete in absoluter Stille. Endlich erschien er wieder auf der Bühne, gab dem Dirigenten ein Zeichen und tanzte weiter. Mach das nie wieder!, sagte Lacotte nach der Aufführung. Präparier deine Ballettschuhe sorgfältiger. Wenn du dich so verhältst, bekommst du irgendwann große Probleme. Woraufhin Nurejew entgegnete, er habe doch gut getanzt.

Der Flughafen Le Bourget ist heute nicht mehr in Betrieb, 1961 war er jedoch der größte Flughafen von Paris. Am 17. Juni spielten sich dort dramatische Szenen ab – die Nachricht davon ging um die Welt. Alle Presseagenturen schrieben darüber. So etwas geschah zum ersten Mal. Nurejews Verhalten in Paris widersprach allen Vorschriften, die Sowjetbürger beim Kontakt mit Ausländern, insbesondere Bürgern aus kapitalistischen Staaten, zu befolgen hatten. Nurejew wusste das nur zu gut, aber das interessierte ihn nicht. Er benahm sich wie der sprichwörtliche Elefant im Porzellanladen. Er war zu unabhängig, es fiel ihm schwer, sich unterzuordnen, und deshalb befürchtete man, er würde nicht mit in die Sowjetunion zurückkommen. Kein Wunder also, dass er zu hören bekam: Du musst zurück ins Vaterland! Als wir zum Flughafen kamen, erinnerte er sich, stellte sich heraus, dass es für mich kein Flugticket nach London gab. Ich wurde wütend! Schließlich hatten sie mir den Riesenerfolg in Paris zu verdanken. Und ich sollte jetzt nicht bei den Auftritten in London dabei sein? Warum gerade ich und nicht jemand anderes? Jemand sagte, Chruschtschow wolle mich im Kreml tanzen sehen. Mit wem? In welchem Kostüm? Das erfährst du vor Ort. In diesem Moment beschloss ich, nicht nach Russland zurückzukehren.

Die französischen Bekannten, die zum Flughafen gekommen waren, um ihm Lebewohl zu sagen, hatten Angst, ihm zu helfen. Clara Saint, die benachrichtigt worden war, erschien vor Ort. Während sie sich von ihm verabschiedete, fragte sie, ob er denn wirklich bleiben wolle. Als er bejahte, ging sie zur französischen Polizei und schilderte die Situation. Man sagte ihr, was der Tänzer in diesem Fall zu tun habe. Sie leitete die Informationen an Nurejew weiter. Zwei KGB-Agenten wichen ihm nicht von der Seite. Ein dritter war stets in der Nähe. Solange der Flüchtling den magischen Satz nicht ausspricht, darf die Polizei des Landes nichts unternehmen. Nurejew versuchte, sich von den Agenten zu entfernen. Diese hielten ihn jedoch fest. Ich habe mich entschieden, sagte Nurejew, ohne näher zu erklären, um was für eine Entscheidung es sich handelte. Und er fügte hinzu: Meine Entscheidung ist unwiderruflich. Sie dachten, gemeint wäre seine Rückkehr nach Russland, und ließen ihn gehen. Also trat er an die französischen Polizisten heran, die Saint geholt hatte und die die Szene beobachteten, und sagte: Je veux l'asile politique. Ich ging zu ihnen, erinnerte er sich, und sagte seelenruhig, ohne Hast, ohne Hysterie, ich möchte in eurem Land bleiben und frei sein. Sie schickten mich nach oben, wo ich fünfundvierzig Minuten warten musste und die entsprechenden Papiere unterschrieb.

Dort erhielt ich französische Dokumente. Die russische Übersetzerin tippte alles in die Schreibmaschine und gab mir das Blatt. Plötzlich wandte sie sich an mich und sagte: Was ist mit dir los, du Idiot? Du wirst vor Hunger sterben, weil du keine Arbeit bekommst ... Ich habe ihr geantwortet, sie solle die Klappe halten. Trotzdem versuchte sie, mich von meinem Vorhaben abzubringen. Einige Russen hämmerten gegen die Tür und riefen, ich solle nach Russland zurückkehren. Eine Krankenschwester schrie, ich sei verrückt geworden und brauche eine Spritze. Ich bat darum, niemanden reinzulassen.

Dass Rudolf geflüchtet war, erzählte Nurejews Schwester, erfuhren wir erst, als er nicht mit den anderen Tänzern heimkehrte. Da wussten wir, dass er nicht zurückkommt. Mutter meinte, er hätte die richtige Entscheidung getroffen. Für mich, sagte Udelzowa, war es ein schwerer Schlag. Der Sohn eines Politkommissars der Roten Armee entschließt sich zur Flucht!

Alles deutete jedoch darauf hin, dass Nurejew niemanden in seine Pläne eingeweiht hatte. Eine Vielzahl von Personen wurde verhört, zahlreiche Tänzer gaben beim KGB Auskunft über alles, was im Ensemble vor sich ging. Keiner hatte etwas geahnt. Nur Juri Solowjew behauptete, Nurejew müsse seine Flucht geplant haben, denn er habe auf dieser Reise fast kein Geld von seinem bescheidenen Honorar ausgegeben. Im Gegensatz zu den anderen. So als wäre ihm bewusst gewesen, wie sehr er dieses Geld noch benötigen werde. Der KGB wurde auf ihn angesetzt. Er bekam Morddrohungen. Ständig meldeten sich Familienangehörige bei ihm und baten ihn zurückzukommen. Sie riefen bei mir an, sagte er. Es gab mir zu denken, dass meine Mutter mich in Deauville ausfindig gemacht hatte. Was wusste sie von diesem Ort? Ich solle an die Heimat denken, an die Familie ... Ich unterbrach sie, sagte, sie habe vergessen, mich etwas zu fragen. Was soll ich dich denn fragen? Ob ich hier glücklich bin. Und bist du es? Ja!

Am 2. April 1962 fand in Leningrad der Prozess statt. Natürlich in Abwesenheit von Nurejew, der wegen Staatsflucht zu sieben Jahren Gefängnis verurteilt wurde. Das Verdikt verkündete der Staatsanwalt! In der Urteilsbegründung hieß es, mildernde Umstände seien das junge

Alter des Angeklagten gewesen, seine Unerfahrenheit, seine labile Persönlichkeit und die Tatsache, dass die Verantwortlichen viele Fehler begangen hätten. Georgi Korkin, der Verwaltungsdirektor des Kirow-Theaters, verteidigte Nurejew, er sagte, die jungen Tänzer bekämen keine Chance, weil Sergejew und Dudinskaja nicht ans Aufhören denken würden. Bei der Befragung kam ans Licht, dass man ihre Bühnenkostüme auch nach Paris und London mitgenommen hatte, obwohl sie weder in der französischen noch in der englischen Hauptstadt auftreten sollten. Zudem erschien in der Presse ein offener Brief, den sechsunddreißig Tänzer des Kirow-Ensembles unterschrieben hatten, darunter sämtliche Primaballerinen, in dem die Situation am Theater beschrieben wurde. Nurejews Familie, die tatsächlich von seinen Plänen, im Westen zu bleiben, nichts gewusst hatte, erfuhr keinerlei Repressalien. Nicht einmal seine Schwester Rosa, mit der er sich noch am besten verstand, wenngleich ihr Verhältnis alles andere als ideal war. Nurejew hatte Angst, dass Alexander Puschkin Unannehmlichkeiten ausgesetzt sein würde. Ich habe so viele Jahre mit ihm zusammengelebt, sagte er, er ist mein bester Freund ... Ich hatte ihm versprochen, von dieser Reise zurückzukommen.

Wenig später heuerte er beim Grand Ballet du Marquis de Cuevas an. Eine Kompanie, die damals vor halbleeren Sälen auftrat. De Cuevas' Witwe, eine Rockefeller-Erbin, der die Faszination ihres Gatten für das Ballett immer schon suspekt gewesen war, hatte zuvor über ihren Anwalt verlauten lassen, dass sie das Ensemble nicht mehr finanziell zu unterstützen gedachte. Raymundo de Larrain, der Direktor des Ensembles, der von den Gläubigern bedrängt wurde, betrachtete Nurejew als seine Chance. Er köderte den Russen mit dem Versprechen, einen großen Star im Westen aus ihm zu machen, ließ ihn bei sich wohnen und gab ihm Geld. Damals wusste er noch nicht, dass sie sich fortwährend streiten würden. Nurejew stellte ständig neue Forderungen, nie war er zufrieden. Ghislaine Thesmar, Solistin in de Cuevas' Ensemble, beschrieb Nurejew als ein Raubtier, das instinktiv wusste, wohin es springen musste, um etwas zu erhaschen. Er wusste ganz genau, wie er aus dieser Situation Kapital schlagen konnte. Nurejew scherte sich nicht darum, dass de Larrain selbst Unannehmlichkeiten ausgesetzt war, weil er einem Volksverräter Arbeit und Unterkunft verschafft hatte. Drohbriefe, lautstarke Proteste vor dem Gebäude, in dem de Larrain wohnte, und Schmierereien an den Hauswänden. Damals wurden Flüchtlinge nicht mehr getötet, wie dies noch ein Jahr zuvor geschehen war. Der KGB-Major Anatoli Golizin, der sich in die USA abgesetzt hatte, behauptete dennoch, Chruschtschow persönlich habe mit dem Gedanken gespielt, Nurejew »liquidieren« zu lassen. Man wollte aber auf jeden Fall – wie KGB-Überläufer bestätigten – eine Karriere Nurejews im Westen verhindern. Konkret plante man, dem Tänzer ein Bein oder gar beide Beine zu brechen. Und da Nurejew wusste, wozu seine Landsleute fähig waren, hatte er große Angst. Er legte sich zum Beispiel im Auto auf den Boden, um nicht gesehen zu werden. Die Angst überkam einen unerwartet, sagte er, ich wusste nie, wann und aus welcher Richtung Unheil drohte. Ich lebte in ständiger Sorge, dass die Russen mich schnappen. Diese Angst entlud sich in schrecklichen Alpträumen. Dieser Zustand der Angst währte sehr lange. Man engagierte zwei Leibwächter, die Nurejew rund um die Uhr begleiteten. Sein Leben beschränkte sich auf das Training, die Proben zu »Dornröschen« mit Nina Vyroubova in einem angemieteten Studio, das Mittagessen in einem Restaurant neben dem Theater und die Rückkehr in die Wohnung.

An dem Tag, an dem er ursprünglich mit dem Kirow-Ensemble in London sein Debüt in »Dornröschen« geben sollte, tanzte er in Paris in einer etwas anderen Fassung von »Dornröschen«. Am ersten Abend die Rolle des Prinzen, am zweiten die des Blauen Vogels, eine der technisch anspruchsvollsten Rollen im klassischen Ballett. Natürlich erschien zum ersten Auftritt nach seiner Flucht, am 23. Juni, *tout Paris*. Aber im Publikum saßen auch Gegner des Tänzers, Mitarbeiter der russischen Botschaft, Agenten, französische Polizisten in Zivil und so weiter. Der Skandal war unvermeidlich. Von den Balkons regnete es Flugblätter beleidigenden Inhalts, und auf die Bühne wurden Stinkbomben geworfen, deren Glashülle, nachdem sie zersplittert war, eine Gefahr für die Tänzer darstellte. Dennoch wurde der Auftritt von Vyroubova und vor allem von Nurejew enthusiastisch gefeiert. Am nächsten Tag schrieb »France-Soir«: »Nurejew weinte, als Paris ihm zu Füßen lag.« Nurejew aber gelang es im Nu, das Ensemble gegen sich aufzubringen. Anstatt eine eher ruhige Coda zum Abschluss von »Dornröschen« zu tanzen, bot er, ohne dies mit irgendjemandem abgesprochen zu haben, zu der Musik von Tschaikowski die spektakuläre Coda aus »Taras Bulba« dar. Das Publikum war hellauf begeistert, Nurejews Partnerin jedoch weniger, Nina Vyroubova sprach fünf Jahre nicht mit ihm.

Eine Woche später, nur wenige Minuten vor seinem Auftritt – diesmal in der Rolle des Blauen Vogels – erhielt er von der russischen Botschaft drei Briefe. Einen Brief von seiner Mutter, einen von seinem Vater und einen von Puschkin. Puschkins Brief, erinnerte er sich, hat mich tief erschüttert. Der einzige Mensch, der mich wirklich kannte, war nicht imstande, mein Handeln zu verstehen. Er schrieb, Paris sei eine Stadt der Dekadenz, seine Verdorbenheit würde mich korrumpieren. Wenn ich in Europa bliebe, würde ich nicht nur meine Technik verlieren, sondern auch meine moralische Integrität. Ich hätte keine andere Wahl, als sofort nach Hause zurückzukehren. Keine Seele in Russland verstände mein Verhalten. Vaters Brief war sehr kurz. Er begreife nicht, wie sein Sohn auf diese Weise sein Vaterland verraten könne, und dass Taten wie diese unverzeihlich seien. Mutter schrieb nur, ich solle nach Hause kommen. Nurejew ließ sich nichts anmerken, er trat auf die Bühne und tanzte im Tumult seine Rolle – man rief »Nach Moskau mit dir, du Verräter!«, »Bravo! Es lebe die Freiheit! Es lebe Nurejew!«, man warf Tomaten, Bananen und Münzen –, er konnte die Musik nicht hören. Die Kritiker überboten sich in Begeisterungsbekundungen. Damals, in diesem Krach, hatte Nurejew das erste Mal, wie er selbst später bekannte, das Gefühl, gut daran getan zu haben, aus der Sowjetunion zu fliehen, diesem Schurkenregime den Rücken gekehrt zu haben.

Als Belohnung für den großen Erfolg, aber auch, um sich von den schweren, nervenaufreibenden Wochen in Paris erholen zu können, nahmen de Larrain und Clara Saint Nurejew mit an die Côte d'Azur. Nachhaltigen Eindruck hinterließ bei ihm der Reichtum, dem er dort auf Schritt und Tritt begegnete. Ihn begeisterte das Picasso-Museum in Antibes, Matisses Wandgemälde in der Rosenkranzkapelle von Vence, aber auch das Schwimmen im Meer vor der felsigen Küste am Cap d'Antibes. Von der Region verzaubert, verkündete er, als er unweit von Monte Carlo die Berge betrachtete, dass er eines Tages auch sein Haus dort oben haben werde. Später, wieder zurück in Paris, hatte er ein kurzes Gespräch mit Saint, die sich eine feste Beziehung wünschte. Er nahm ein Foto von seinem Freund aus der Brieftasche und erklärte, dieser Junge lebe in Kuba und tanze im Ensemble von Alicia Alonso … Saint verstand sofort, dass Nurejew sich nicht binden wollte. Damals kam auch der Fotograf Richard Avedon nach Paris, der unter anderem Nurejew fotografieren sollte. Das Fotoshooting dauerte mehrere Stunden. Avedon wollte Aktbilder machen. Ich habe ununterbrochen fotografiert, erinnerte er sich später. Wenn er langsam seine Arme hob, richtete sich gleichzeitig sein Penis auf. Der ganze Körper tanzte und reagierte, als wäre er über sich selbst überrascht. Ich denke, das war der schönste Augenblick, so etwas lässt sich nicht in Worte fassen, das war unvorstellbar schön. Eine narzisstische Orgie. Eine One-man-Orgie. Nurejew ließ sich von klein auf gern fotografieren und nutzte jede sich bietende Gelegenheit. Manche der Akte, die fast schon pornografisch waren, versuchte er später zu vernichten, was ihm aber nur zum Teil gelang. »Vogue« zeigte, erzählte Fonteyn, auf mehreren Seiten künstlerische Bilder von Rudolf im Adamskostüm.

Nach seiner Flucht wurde allgemein angenommen, dass Nurejew sich dem Ballettensemble der Pariser Oper anschließen würde, dessen Chef Serge Lifar war. Dieser hoffte jedoch darauf, die Heimat besuchen zu dürfen – weshalb er also unter keinen Umständen die Russen verärgern wollte. Der Direktor des Grand Ballet du Marquis de Cuevas, Raymundo de Larrain, bot Nurejew einen Sechsjahresvertrag an, dem der Zeitraum allerdings zu lang war. Schließlich einigte man sich auf drei Monate. Nurejew wollte unbedingt zu George Balanchine, aber auch nach Dänemark, wo Erik Bruhn tanzte, den er für den weltbesten Tänzer hielt. Er wollte – wie er selbst sagte – nicht nur die Bekanntschaft Bruhns machen, sondern dessen Arbeitsmethode studieren und von ihm lernen. Er besuchte damals alle Auftritte Bruhns, den er bewunderte und wenig später liebte. Es war der Beginn einer Freundschaft, aus der schnell mehr wurde. Den Kontakt zu Bruhn vermittelte Maria Tallchief, die Nurejew in Deauville kennengelernt hatte, wo er mit dem Ensemble des Marquis de Cuevas aufgetreten war. Sie war einige Jahre die Muse und Ehefrau von Balanchine gewesen, überdies hatte sie eine legendäre Affäre mit Erik Bruhn gehabt, die mit einem Skandal auf dem Jacob's Pillow Dance Festival in Massachusetts zu Ende gegangen war. Jetzt suchte sie nach einem Bühnenpartner, aber auch nach einem Liebhaber. Sie warf sich Nurejew an den Hals, und er ließ es sich gefallen, denn er wusste, dass er durch sie mit Erik Bruhn in Berührung kommen würde. Kurze Zeit später machten sie in Kopenhagen Station und stiegen in der Pension Langline neben dem Theater ab. In der Bar des Hotel d'Angleterre traf Nurejew Bruhn zum ersten Mal. Dieser war sofort fasziniert von der wilden Schönheit des Tataren. Dagegen fühlte sich Nurejew anfangs unwohl in Bruhns Gesellschaft. Zugleich übte der Däne jedoch mit seiner klassischen nordischen Ausstrahlung eine starke Anziehung auf ihn aus. Nurejew ertrug den Aufenthalt in Kopenhagen mehr schlecht als recht, was möglicherweise auch daran lag, dass er es sich, wie so häufig, durch sein nicht eben diplomatisches Auftreten fast augenblicklich mit den anderen Tänzern verscherzt hatte. Dennoch gestand er im Ballettsaal, vor allen anderen, in Anwesenheit auch von Tallchief, Erik Bruhn seine Liebe.

Die Begegnung mit Bruhn war vermutlich das Beste, was Nurejew damals hätte passieren können. Der zehn Jahre ältere Bruhn war ein brillanter Tänzer, von dem Nurejew noch sehr viel lernen konnte. Zudem war er ein Mann von Welt mit tadellosen Manieren und Umgangsformen, der sich in jeder Gesellschaft zurechtfand. Aber er trank auch und litt unter Depressionen. Er wurde also Nurejews Geliebter, dessen Vorbild, Lehrer und gleichsam Ersatzvater – denn einen richtigen Vater hatte Nurejew im Grunde nie gehabt. Ohne Bruhn wäre er noch lange der Junge aus der Provinz geblieben.

Die andere Person, mit der sich Nurejew in Kopenhagen oft traf, war die weltberühmte Ballettpädagogin Wera Wolkowa, eine Schülerin von Agrippina Waganowa. Nurejew mochte ihren Unterricht nicht, er hielt ihn für altmodisch. Das war der Anfang des Alphabets, sagte er, aber nur der erste Buchstabe. Im Übrigen kritisierte Nurejew auch Bruhn, bemängelte beispielsweise, dass ein Pas nicht russisch genug sei. Bruhn erklärte, dass es verschiedene Wege gebe, um ans Ziel zu kommen. Der dänische Tanzstil gefiel Nurejew generell nicht, er war seiner Ansicht nach langweilig, trocken, kleingeistig und leer. Trotzdem genoss er Wolkowas Gesellschaft, und wenn Bruhn keine Zeit hatte, ging er zu ihr. Sie schwelgte gern in Erinnerungen an Sankt Petersburg und besaß überdies ausgezeichnete Kontakte in der Ballettwelt, zum Beispiel zu Margot Fonteyn. Schon in der Ballettschule in Leningrad hatte er davon geträumt, eines Tages mit der englischen Primaballerina zu tanzen. Wolkowa wollte Nurejew dem Royal Ballet in London empfehlen. Und eben in Dänemark, bei Wolkowa, erreichte Nurejew ein Anruf, der sein Leben verändern sollte. Am anderen Ende der Leitung war Margot Fonteyn, die schon länger Nurejew hatte kontaktieren wollen, aber Angst vor einem politischen Skandal gehabt hatte. In »Dancing Times« hatte der berühmte Ballettkritiker Arnold Haskell über Nurejews Flucht geschrieben, dieser habe sich illoyal gegenüber seinem Heimatland verhalten und außerdem dem Kulturaustausch zwischen der Sowjetunion und dem Westen Schaden zugefügt. Es meldeten sich aber auch andere Stimmen zu Wort, die Nurejew das Recht auf Freiheit zugestanden. Fonteyn jedenfalls schlug vor, Nurejew solle nach London kommen, woraufhin er antwortete, gern, aber nur, wenn sie mit ihm tanze. Fonteyn zeigte sich davon nicht begeistert, sie hatte Nurejew noch nie erlebt – sie kannte ihn nur von Fotos. Außerdem sah sie keinen Grund, warum sie sich dem Willen eines Tänzers fügen sollte, der gerade einmal halb so alt war wie sie. Einige Zeit später erhielt Nurejew die Nachricht, dass Fonteyn sich freuen würde, ihn in London zu begrüßen, sie aber nicht zusammen mit ihm tanzen könne, da sie bereits einen Partner habe. Er hatte Tränen in den Augen, als er mir das Telegramm zeigte, erinnerte sich Maria Tallchief. Ich sagte ihm: Wenn Margot dich sieht, wird sie mit niemand anderem mehr tanzen wollen, nur noch mit dir.

Ich organisierte einen Auftritt in London, erinnerte sich Fonteyn, der Erlös sollte wohltätigen Zwecken zugutekommen. Wir luden ihn ein. Er kam nach London, um alles zu besprechen. Er kam spät nachmittags direkt vom Flughafen zu uns. Ich ging nach unten, um ihn zu begrüßen. Das Erste, was mir auffiel, war, dass er sehr blass und mager aussah. Damit hatte ich nicht gerechnet. Wir tranken Tee. Ein Kollege von mir war dabei. Wir unterhielten uns, wobei wir uns gegenseitig aufmerksam beobachteten. Irgendetwas musste passiert sein, denn er begann plötzlich zu lachen. Wie schön, dass du lachst!, rief ich, denn in diesem Augenblick wusste ich, dass alles gut werden würde. Er sprach nicht viel Englisch. Es war sein erster Aufenthalt in England. Aber schon damals war ich erstaunt über seine außergewöhnliche Intelligenz. Etwas später gab er ein Fernsehinterview. Ich wollte ihm helfen, aber bereits nach zwei Fragen sah ich, dass er ausgezeichnet allein zurechtkam. Er wusste genau, was er sagen wollte. Auch wenn sein Englisch nicht besonders gut war.

Ich bin ein romantischer Tänzer, sagte er in diesem Interview, aber ich möchte mich auch im modernen Tanz versuchen. Im Übrigen möchte ich alles ausprobieren. Ich kann meinen Stil nicht ändern. Ich tanze so, weil ich so bin. Ich tanze, was ich denke und fühle. Vielleicht werde ich eines Tages in eine ganz andere Richtung gehen, aber ändern werde ich mich nie.

Als er im Westen blieb, erinnerte sich Dame Ninette de Valois, war das so, als wäre eine Bombe in der Ballettwelt eingeschlagen. Sein Tanz war virtuos, und gleichzeitig war Nurejew ein großer Künstler. Diese Kombination war für uns etwas völlig Neues. So etwas hatten wir noch nicht erlebt. Es war phantastisch, ihn hier zu haben. Auf einmal, erzählte Christa Himmelbauer, erschien Rudolf mit seiner überdurchschnittlichen Technik auf den europäischen Bühnen. Er verbeugte sich vor dem Publikum wie kein Tänzer je zuvor. Dies allein schon war ein Schauspiel für sich. Er hing der Philosophie an, dass er darüber zu entscheiden habe, wohin das Publikum in einem bestimmten Moment blickt. Jeder Schritt, jede Geste, sogar der Blick – alles war genauestens einstudiert. Es war faszinierend zu beobachten, wie ein so junger

Tänzer – er war damals nicht viel älter als zwanzig – sich so bewusst auf der Bühne bewegte. Außerdem war er ungewöhnlich gut aussehend, in diesem Fall kann man wirklich sagen: Er war bildhübsch. Als wir ihn zum ersten Mal sahen, starrten wir ihn mit offenen Mündern entgeistert an. Wir brachten kein Wort heraus. Derart beeindruckt waren wir von seinem Auftreten im Ballettsaal. Zudem hatte er eine ungewöhnlich erotische Ausstrahlung, was man von unseren Tänzern keinesfalls behaupten konnte. Plötzlich erschien jemand, der das Gebaren eines Pfaus an den Tag legte. Es war also kein Wunder, dass alle ihm zu Füßen lagen.

Bevor Nurejew das erste Mal mit Fonteyn tanzte, war er mit dem Ensemble des Marquis de Cuevas in Israel auf Tournee. In Paris musste er sehr vorsichtig sein, weil er Racheakte des KGB befürchtete, in Israel fühlte er sich dagegen frei. Er wollte überall sein und alles sehen. Und dort, am Strand von Tel Aviv, entdeckte er anonymen Sex. Er lernte junge Männer kennen, mit denen er schnell in der Garderobe verschwand. Für uns war das schrecklich, erinnerte sich Ghislaine Thesmar. Wir hatten einige hübsche Blondschöpfe im Ensemble, aber Rudolf hatte an ihnen kein Interesse. Am Strand entdeckte er Freiheit und Anonymität, Partner, die er später nicht mehr treffen musste. Das gefiel ihm. Sex zwischen Männern ist einfach und unkompliziert. Es geht allein um das Körperliche. An vielen Orten überall auf der Welt kann man schnell jemanden kennenlernen und mit ihm ins Bett steigen, ohne sich unterhalten zu müssen. Ohne unnötige Komplikationen, ohne Zeit zu verlieren, ohne großen Aufwand zu betreiben, bekommt man das, worauf man gerade Lust hat. Und Nurejew wollte Sex, überall, ständig, mit wem auch immer. Je anonymer, desto besser. Und häufig, besonders später, ohne Worte, ohne überflüssige Gespräche. Recht bald entdeckte er auch, dass man Sex kaufen kann. Dass man sich, fast wie in einem Geschäft, genau das aussuchen kann, wonach einem gerade verlangt. Man erhält ein Produkt mit den entsprechenden Parametern. Einen auf den Körper reduzierten Geschlechtspartner – wobei »Partner« in diesem Zusammenhang etwas euphemistisch klingt –, der die Lust befriedigt. Einen Körper mit allem Drum und Dran, der soundso

In »Schwanensee«, Wien 1964

aussehen soll. Wie ein Steak à la Chateaubriand, genau so und nicht anders gebraten. Immer öfters war übrigens das Stück Fleisch auf dem Teller wichtiger als das Fleisch im Bett. Aber diese Entdeckung machte Nurejew erst später. Jetzt freute er sich an den neu gewonnenen Möglichkeiten. Darin unterschied er sich stark von Erik Bruhn, mit dem er damals zusammen war. Erik war im Grunde genommen sehr wählerisch und keusch, erinnerte sich Glen Tetley. Rudolf dagegen war lüstern und für alle Experimente offen. Er wollte etwas erleben. Für ihn war alles eine einzige große Party.

Die ersten Proben fanden Ende Oktober 1961 in London statt. Frederick Ashton hatte sich widerwillig bereit erklärt, eine Choreographie für Nurejew zu erarbeiten – er hatte Rudolf noch nie gesehen. Nurejew wählte die Musik selbst aus: »Poème tragique« von Alexander Skrjabin. Ein kurzes Stück, das Nurejew seit jeher gefiel und zu dem er immer schon einmal tanzen wollte. Die ersten Stunden belauerten sie sich gegenseitig, lernten sich kennen. Mit eindeutigem Ergebnis: Ich habe fast alles akzeptiert, was er vorgeschlagen hat, sagte Ashton. Weswegen diese kurze Solonummer auch fast nichts von Ashton hatte, dafür aber umso mehr von dem, was man in späteren Choreographien von Nurejew sehen kann. Während der Generalprobe bemerkte Fonteyn erschrocken, mit welcher Verbissenheit er an die Sache heranging. Beim Abendessen bat sie ihn, das Ganze mit etwas mehr Distanz zu betrachten und den Tanz mit der gleichen Energie zu Ende zu bringen, mit der er ihn beginne. Das wäre Betrug, antwortete er. Wenn ich in Russland einen Tanz nicht zu Ende tanzen konnte, habe ich ihn abgebrochen und bin von der Bühne gegangen. Man konnte die Panik in Fonteyns Augen förmlich sehen. Während der Gala im Drury Lane Theatre eroberte Nurejew das Londoner Publikum im Sturm, auch wenn er im Pas de deux aus dem »Schwanensee«, mit Rosella Hightower in der Rolle des Schwarzen Schwans, viele technische Fehler machte. Doch die Leidenschaft, die in seinen Bewegungen zum Ausdruck kam, war einmalig und außergewöhnlich. Er war der Einzige, der an diesem Abend das Publikum begeisterte. Fonteyn, schrieben die Kritiker, sei müde gewesen, sie habe ihre technische Perfektion verloren und ihre besten Jahre zweifelsohne bereits hinter sich. Dennoch wollte Ninette de Valois, die Direktorin des Royal Ballet, dass Fonteyn in der folgenden Spielzeit mit Nurejew in »Giselle« tanzen solle. Die, als sie davon hörte, ausrief: Mein Gott! Das wäre so, als tanzte ein alter Klepper mit einem jungen Fohlen! Meinen Sie nicht, dass ich dafür etwas zu alt bin?

Zuvor flog Nurejew aber nach New York, wo er am 19. Januar 1962 im Fernsehsender NBC auftreten sollte, als Vertretung Bruhns, der sich verletzt hatte. Er tanzte mit Maria Tallchief in »Blumenfest in Ganzano« eine Choreographie von August Bournonville. Er war sich bewusst, dass ihm – was ihm sehr wichtig war – Millionen Zuschauer am Bildschirm und Balanchine zusahen. Mit zweitausend Dollar Honorar in der Tasche flog er zurück nach London, um erstmals gemeinsam mit Fonteyn zu tanzen. Seiner Gewohnheit gemäß fuhr er vom Flughafen direkt zum Ballett, zu einer Aufführung der »Giselle« des Ballet Rambert. Nurejew wohnte bei Fonteyn und ihrem Mann, dem Botschafter von Panama. Er musste kaltes Roastbeef essen, das ihm überhaupt nicht schmeckte, aber Fonteyns Leibspeise war. Er hielt es in der Botschaft kaum aus, weil es in diesem schönen Haus entsetzlich still war. Es gab keine Musik. Der arme Rudolf, erinnerte sich Fonteyn, ernährte sich buchstäblich von Musik. Umgeben von Stille, fühlte er sich wie ein Mensch, der langsam verhungert. Im Ballettsaal störte ihn jedoch nichts. Man fing an, intensiv zu proben. Wir begannen mit den Verhandlungen, erinnerte sich Fonteyn, jeder von uns änderte hier und da einige Pas. Am wichtigsten aber war für mich zu sehen, wie er in seiner Rolle mit Haut und Haar aufging. Zwei Stunden vergingen wie im Fluge. Ich war Giselle und er Albert. Oft verwandelte er sich jedoch in Rudolf zurück und zeigte mir mit unglaublicher Präzision, wie ich einen Pas noch besser ausführen konnte ... Ein anderes Mal übte er sein Solo. Er war wie eine Dampfwalze. Aus Rudolf wurde wirklich Albert, und zwischen unseren Interpretationen herrschte eine außergewöhnliche Harmonie. Die Arbeit mit ihm verschaffte mir ein unerwartetes Glücksgefühl, und ich vergaß meine Komplexe von dem alten Klepper und dem jungen Fohlen. In »Giselle« waren wir miteinander glücklich. Margot und Rudolf tanzten bei ihrem ersten Auftritt so phantastisch, erinnerte sich Maude Lloyd, dass sicherlich niemand im Publikum diesen Auftritt je vergessen wird. Eine Woge der Begeisterung schwappte durch den Saal, die Zuschauer waren tief berührt von ihrem Auftritt. Beide verschmolzen so wunderbar und vollkommen zu einer Einheit, dazu ihre Technik, ihre Schauspielkunst, ihr Gefühl für den Partner – als ob man sie dafür geschaffen hatte, zusammen zu tanzen.

Als die Aufführung zu Ende war und der Vorhang fiel, saß das Publikum eine Minute lang wie erstarrt da – zutiefst beeindruckt, ergriffen, im Bewusstsein, an etwas Außergewöhnlichem teilgenommen zu haben. Und dann brachen nicht enden wollende Ovationen los. So etwas hatte es im englischen Ballett noch nie gegeben: Der Vorhang hob sich dreiundzwanzig Mal. »Mit dieser Vorstellung beginnt eine neue Ära im Ballett«, schrieb »Dancing Times«. Selbst der »Times« war die Aufführung einen Aufmacher wert. Nach unserem ersten Auftritt in »Giselle«, erinnerte sich Fonteyn, kniete Rudolf vor den Augen des wild klatschenden, jubelnden und vor Begeisterung trampelnden Londoner Publikums gerührt nieder und küsste meine Hand. Auf diese Weise brachte er seine wahren Gefühle zum Ausdruck, ohne sie durch konventionelle Worte zu entwerten. Von da an bestand zwischen uns ein seltsames Band, das wir nie richtig erklären konnten und das man als starkes Gefühl der Verbundenheit oder auch als Liebe bezeichnen kann, zumal wenn man bedenkt, dass Liebe unterschiedliche Formen annehmen kann. Kein Wunder also, dass Erik Bruhn Fonteyn nicht leiden konnte. Er war eifersüchtig, ebenso wie Fonteyns Ehemann Roberto Arias, genannt Tito, auf Nurejew eifersüchtig war – darauf, dass seine Frau zu einem wichtigen Teil in Nurejews Leben wurde. Und sie wiederum war eifersüchtig auf Bruhn. Natürlich traf man sich, um zum Beispiel gemeinsam Nurejews Geburtstag im März 1963 zu feiern. Nach außen hin schien alles in Ordnung zu sein, aber in Wirklichkeit konnte man sich nicht ausstehen. In dieser Zeit stand Nurejew völlig unter dem Einfluss von Bruhn. Sie debütierten damals im Royal Ballet in »Giselle«, lebten zusammen in einer Mietwohnung und fuhren täglich mit Nurejews neuem weißen Auto zu den Proben. Keiner der beiden hatte einen Führerschein. Meist fuhr Nurejew mit dem Auto in

London, erinnerte sich Christa Himmelbauer. Bevor er von zu Hause losfuhr, rief er im Theater an, damit jemand auf ihn wartete und das Auto einparkte, denn das konnte er nicht. Nach drei Tagen sah sein neuer Mercedes so aus, als hätte ihn jemand von allen Seiten mit einem schweren Hammer bearbeitet.

Bruhns Englisch war wesentlich besser als Nurejews, er musste also häufig für seinen Freund übersetzen. Vor allem Gespräche mit Ninette de Valois. Das war ermüdend, sagte Bruhn, und oft sah es so aus, als wäre ich sein Sekretär. In der März-Ausgabe von »Dancing Times« (1962) war Erik Bruhn die »Persönlichkeit des Monats«, und die Bildunterschrift lautete: »Wenn nicht er der größte Tänzer der Welt ist, wer dann?« Die Nummer war vor Nurejews Auftritt in »Giselle« gedruckt worden. In den nächsten Ausgaben fand Bruhn keine Erwähnung, obwohl er damals auch im Royal Ballet in »Giselle« debütierte. Nurejew hatte ein schlechtes Gewissen, weil er sein Idol, den Menschen, den er liebte, in den Hintergrund drängte. Bruhn stand in seinem Schatten. Aber es sollte noch schlimmer kommen. Der »Observer« kündigte für Mai das Erscheinen von Nurejews Autobiographie an, wodurch er noch stärker in den Mittelpunkt der Aufmerksamkeit rückte. Also tat er alles, damit auch über seinen geliebten Bruhn geschrieben würde. Er handelte sehr besonnen, sagte Bruhn, und das genügte mir. Auf den Rest hatte ich sowieso keinen Einfluss. Aber die Kritiker verglichen beide Tänzer, zumal sie im gleichen Repertoire auftraten. Der Auftritt von Nurejew in »Giselle« wurde enthusiastisch aufgenommen. Bruhns Tanz in »Giselle« einige Wochen später dagegen mehr als kühl. Und so weiter. Kein Wunder also, dass die Situation sich auch auf ihr Privatleben auswirkte. Es kam zu häufigen, manchmal sehr heftigen Streitereien. Du bist nur deshalb geflohen, um mich zu zerstören!, schrie Bruhn. Nurejew weinte. Es stimmte, dass er schon in Leningrad davon geträumt hatte, alles von Bruhn zu lernen. Er nahm alles, resümierte Sonia Arova, was Erik zu geben hatte. Auch im Bett nahm er sich, was er brauchte, und auch hier bekam er nie genug. Er forderte Sex, sagte Ray Barra, und war sehr besitzergreifend, was für Erik oft zu viel war. Besitzergreifend, nebenher hatte er aber zahlreiche, ständig wechselnde Geschlechtspartner. Damals wurde auch bekannt gegeben, dass Nurejew, wie Lord Drogheda, der Direktor des Royal Opera House in Covent Garden, es ausdrückte, als »ständiger Gastsolist« engagiert werden sollte. Bruhn dagegen, der mit dem Royal Ballet bereits zwanzig Vorstellungen getanzt hatte (Nurejew nur drei), erhielt keine Vertragsverlängerung, da das Theater bei seinen Auftritten nur »unzureichend gefüllt« sei. Später sagte Nurejew, seine Zeit in Covent Garden habe ihn als Tänzer geprägt. Hier wurde er zu einem richtigen Tänzer.

1962 war ich Schüler an der Royal Ballet School, erzählte David Wall. Ich kann mich erinnern, wie ich eines Morgens Nurejew mit dem Ensemble des Royal Ballet habe üben sehen. Fasziniert schaute ich durch die Glastür zu. Das Erste, was mir ins Auge sprang, war seine physische Kraft und der Einsatz, mit dem er übte. Er beeinflusste die westlichen Tänzer mehr als irgendjemand anderer – durch seine Energie, seine technische Präzision, seine elektrisierende Bühnenpersönlichkeit und seine künstlerische Meisterschaft. Wir haben versucht, ihn nachzuahmen. Dame de Valois erzählte, er sei außergewöhnlich musikalisch gewesen, was für einen Künstler überaus wichtig sei. Zudem war er hochintelligent. Er identifizierte sich mit jeder Figur, die er tanzte. Er war die Rolle, nicht ein Tänzer, der die Rolle bloß tanzte. Eine wahre Seltenheit. Große Künstler verleihen den von ihnen kreierten Figuren oft ihre eigenen Züge. Bei ihm war das nicht so. Er war ein außergewöhnlicher Interpret. Jeder Choreographie, die ihm angeboten wurde, näherte er sich mit großem Respekt. Mit wahrer Bescheidenheit: Er wusste, wie die jeweilige Rolle zu spielen war, was sie brauchte, und achtete nicht darauf, was er gerade wollte. Als Tänzer, sagte Wall, zeichnete er sich durch seine unglaublich präzise Technik aus. Ich denke, in »Le Corsaire« ist er unübertroffen. Als Künstler habe ich an ihm vor allem seine Bühnenpersönlichkeit bewundert. In dem Augenblick, in dem er auf der Bühne erschien, gehörte ihm die ungeteilte Aufmerksamkeit. Und dann diese Hingabe, mit der er tanzte, egal, ob es sich um ein romantisches oder ein dramatisches Ballett oder ein bravouröses Solo handelte. Er war ein Künstler, der sich verwandeln konnte, je nachdem, wie es die Rolle verlangte. Man hat fast vergessen, erinnerte sich Fonteyn, dass er, was die großen klassischen Ballettwerke betrifft, einen grundlegenden Wandel herbeigeführt hat. In diesen Werken war die Ballerina am wichtigsten, sie stand stets im Vordergrund. Der Prinz spielte eine zweitrangige Rolle. Dies gefiel Rudolf nicht. Er war der Ansicht, die Rolle des Prinzen sei genauso wichtig.

Michael Somes war vierzehn Jahre lang Margot Fonteyns Partner. Die Gala, in der Nurejew in »Le Corsaire« sein Londoner Debüt gab, sollte Somes' Abschiedsvorstellung sein. Somes hatte gehofft, dass Fonteyn zusammen mit ihm von der Bühne abtreten würde. Ihre besten Jahre hatte sie schließlich bereits hinter sich. Sowohl vom Alter her als auch vom künstlerischen Niveau. Mittlerweile war sie höchstens noch durchschnittlich. Sie zehrte von ihrem Ruf als einstmals große Dame des englischen Balletts. Dame Commander des Order of the British Empire. Eine Tanzaristokratin. *Prima ballerina assoluta.* Eine Ikone. Und jetzt eine Frau in den Vierzigern. Es war also der allerletzte Moment, um sich glanzvoll – bevor aller Glanz endgültig erloschen war – von der Bühne zu verabschieden. Und plötzlich so etwas! Die Engländer waren im Schock. Die Presse schlug Alarm, ein Bauernlümmel habe unerlaubt das Gebiet einer Dame betreten und richte dort schwere Verwüstungen an. Am 3. November 1962 tanzten sie den großen Pas de deux aus »Le Corsaire« in Covent Garden. Die Ovationen waren wesentlich länger als der Tanz selbst. Noch nie hatte ich sie so befreit gesehen, erzählte Ninette de Valois. Die Selbstsicherheit, die sie dadurch ausstrahlte, war verblüffend. Es war eine persönliche Entwicklung, die sie auf einen Schlag mindestens zehn Jahre jünger machte. Fonteyn beobachtete, wie sie später berichtete, hinter den Kulissen Nurejews geradezu akrobatische Einlagen und vergaß darüber völlig ihr Lampenfieber. Sie habe sich gedacht, das Publikum werde auf ihn schauen und nicht auf sie. Dadurch habe sie vollkommen ungezwungen auftreten und – eine erstaunliche Feststellung nach so vielen Bühnenjahren und derart großen Erfolgen – zum ersten Mal richtig tanzen können. Der erste Pas seiner Variation, erinnerte sich Fonteyn, als man deutlich sieht, wie er in die Luft steigt, die Beine untergeschlagen, so als säße er auf einem unsichtbaren Teppich, das lässt sich nicht mit Worten beschreiben.

Das war einfach unglaublich. Nijinskys berühmter Sprung muss eine ähnliche Wirkung auf den Betrachter gehabt haben – ich habe oft gehört, es hätte so ausgesehen, als stünde er in der Luft. Ich bin mir jedoch sicher, dass niemand »Le Corsaire« besser getanzt hat als Rudolf – in diesem Fall ist der Gebrauch von Superlativen gerechtfertigt. Ich war derart aufgeregt, als ich ihn hinter den Kulissen beobachtete, dass die ganze Anspannung von mir abfiel und ich mit großem Elan und Freude tanzte. Für Nurejew war die Zusammenarbeit mit Fonteyn eine Zeit, in der er seine Wildheit – auch seine Wutausbrüche und sein ordinäres Benehmen – zügelte und seine künstlerischen Ausdrucksmöglichkeiten erweiterte und verbesserte. Für viele war er schließlich der Inbegriff des schlechten Geschmacks. An Fonteyns Seite erhielt er den letzten Schliff. Und beide begannen zu glänzen wie nie zuvor. Bis dahin waren die Balletttänzer praktisch geschlechtslos gewesen. Sie feierten zwar Erfolge auf der Bühne, spielten aber nie ihre Männlichkeit oder Sexualität aus. Nurejew war der Erste, der dies tat, und das ganz bewusst schon bei den ersten Auftritten in Leningrad. Seine Darbietungen waren streng durchdacht. Er betrat die Bühne und erstarrte – wie zum Beispiel in »Schwanensee« –, woraufhin das verdutzte Publikum das schöne Mannsbild angaffte. Dann trat er vor die Rampe, die Zuschauer glaubten, er würde jeden Moment in den Orchestergraben fallen, und plötzlich drehte er sich um, zog sich in die Tiefe der Bühne zurück und blieb stehen, um mit der Variation zu beginnen. Er zeigte sich dem Publikum auf besondere Weise, er spielte mit der Erotik. Es war daher kein Wunder, dass sowohl Frauen als auch Männer verrückt nach ihm waren. Er war auf jeden Fall der erste Tänzer, der ein Geschlecht hatte. Und außerdem sorgte er dafür, dass die männlichen Tänzer mit den Ballerinen auf eine Stufe gestellt wurden. Und alle akzeptierten das, ebenso wie seine sexuelle Andersartigkeit. Das erinnert an einen Ausspruch, der dem berühmten Paar Ginger Rogers und Fred Astaire galt: Sie gab ihm Sex, er ihr Klasse. Bei Fonteyn und Nurejew war es umgekehrt.

Es war wirklich ein legendäres Paar: Margot Fonteyn und Rudolf Nurejew. Er fand in ihr eine ergebene, loyale Freundin, die ihm vertraute. Sie war großzügig, höflich und von heiterem Gemüt. Mit den Worten Violette Verdys: Sie war sein Zuhause. Sie traten auf der ganzen Welt zusammen auf und erschlossen dem Ballett ein neues Publikum. Wir haben uns gegenseitig inspiriert, erinnerte sich Nurejew, wir konnten die Gedanken des anderen lesen. Natürlich haben wir viel geübt und geprobt. Zum Beispiel fühlte sich Margot in der Rolle der Giselle nicht so wohl und hat jeden meiner Ratschläge dankbar angenommen. In »Schwanensee« dagegen fühlte sie sich sicher, und hier fiel es mir schwerer, mit meinen Ratschlägen oder Hinweisen durchzudringen. Einmal sagte sie ihm, sie habe »Schwanensee« schließlich schon 1938 getanzt ... in seinem Geburtsjahr. Trotzdem gehörte dieser Part nicht gerade zu ihren stärksten Rollen. Technische Probleme, besonders im dritten Akt mit seinen zweiunddreißig Fouetté. Fonteyn hatte 1959 – aufgrund einer Fußverletzung gehandicapt – zum letzten Mal in diesem Ballett getanzt. Drei Jahre später kehrte sie jedoch zur Rolle der Odette/Odile zurück – »Dance and Dancers« schrieb damals von einem »Schwanensee ohne Glanz«. Jetzt, am 5. Juli 1962, sollte sie diesen Part mit Nurejew auf dem Festival in Nervi in Italien tanzen. Sie hatte Angst, dass niemand sie beachten würde neben diesem jungen Löwen, der so hoch springt und derart phantastische Dinge auf die Bühne zaubert. Das spornte sie an. Ich opponierte, erinnerte sich Fonteyn, gegen seine vielen Änderungsvorschläge. Wir haben uns richtig in die Wolle gekriegt. Je länger die Probe dauerte, desto heftiger flogen die Fetzen. Keiner von uns wollte nachgeben. Während der Proben ging es nicht nur um die Rollenführung, sondern auch um technische Probleme. Nurejew bat sie, ihm die Fouetté zu zeigen. Weißt du, sagte er, du musst die linke Hand etwas höher heben. Sie befolgte seinen Rat und hatte nie wieder Probleme mit dem Drehen der Pirouetten. Bist du eine große Ballerina? Zeig es mir! Und plötzlich begann sie so zu tanzen, dass Nurejew sich wie ein kleines Kätzchen fühlte. Sie betrat die Bühne, sagte er, und das Licht erstrahlte. Ich hatte meinen idealen Partner gefunden, betonte Fonteyn. Wir waren ein Körper, ein Geist, fügte Nurejew hinzu. Wir zogen an einem Strang. Wir waren die Rollen. Und das Publikum war verzückt.

Erik Bruhn war zu dieser Zeit für eine Woche in Stuttgart, auf einem Tanzfestival, zu dem ihn John Cranko eingeladen hatte. Bruhn tanzte mit großem Erfolg im Ballett »Daphnis und Chloe«, das am 15. Juli 1962 Premiere hatte. Überraschend tauchte in Stuttgart Nurejew auf, der aus Italien kam. Die Presse fragte an, ob er auf der Abschlussgala des Festivals tanzen würde. Nurejew hatte dies selbst vorgeschlagen. Während einer der Proben bat Bruhn Nurejew – er sollte mit Yvette Chauviré »Pas classique« von Auber tanzen – für ihn einzuspringen. Er beklagte sich über Probleme mit der Wirbelsäule und legte sich ins Bett. Als Cranko später in Begleitung von Kenneth MacMillan bei ihm vorbeischaute, um zu sehen, wie es ihm ging – schließlich wurde er in »Daphnis und Chloe« gebraucht –, warf Bruhn die beiden hochkant hinaus. Nach diesem Vorfall lud Cranko Bruhn fünf Jahre lang nicht ein. Noch am gleichen Abend verließ Bruhn Stuttgart, ohne jemandem Bescheid zu sagen. Er hinterließ lediglich eine auf Hotelpapier hingekritzelte Notiz für Nurejew: »Mein lieber Rudik, pass gut auf dich auf. Worte sind trügerisch und werden häufig missverstanden, deshalb sage ich nur Lebewohl! Herzliche Grüße, Erik.« Rudolf war verzweifelt, erinnerte sich Yvette Chauviré, er liebte ihn wirklich. Erst eine Woche später kam es zwischen den beiden zu einem dramatischen Telefongespräch. Ende Juli fuhren sie dann nach Monte Carlo, denn Nurejew wollte sich einen Traum erfüllen, das sich selbst gegebene Versprechen einlösen, dort einmal ein eigenes Haus zu besitzen. Da erreichte Bruhn die Nachricht, seine Mutter sei mit dem Rettungswagen ins Krankenhaus gebracht worden. Als er in der Klinik eintraf, führte man ihn wortlos in einen Saal, in dem der mit einem Laken bedeckte Leichnam seiner Mutter lag. Nurejew, der eigentlich nach New York fliegen sollte, fuhr sofort zu Bruhn, damit dieser nicht allein war. Aber, wie Bruhn kurz darauf in einem Brief an seinen Freund schrieb, »nur der unerwartete Tod einer nahen Person kann uns für kurze Zeit beruhigen, jedoch nur für einen Tag oder zwei, danach beginnt alles wieder von vorn, unsere Streitereien und unsere Kämpfe.« Und ein paar Tage später: »Solange wir uns lieben, werden wir an einer gemeinsamen glücklichen Zukunft arbeiten und dieses Ziel erreichen.« Sie verfehlten es jedoch, und wirklich glücklich waren sie auch nicht. Obwohl beide es sich so sehr wünschten. »Ja, mein Lieber«, schrieb Bruhn, »wir arbeiten sehr hart, und mit dieser harten Arbeit erarbeiten wir uns das, was wir bekommen, aber mein Liebster, Glück verdienen wir dafür nicht« ... Es wäre besser, anstelle des Herzens einen Stein in der Brust zu tragen, sagte Nurejew zu Fonteyn.

Das passende Haus fand er wenig später, die Villa Arcadia. Für neunundsechzigtausend Dollar, in den Bergen oberhalb von Monaco, mit Blick auf die Bucht. Ein riesiges Haus aus Naturstein inmitten eines großen Gartens mit alten Bäumen. Nurejew war begeistert, ringsherum Berge, über einem der Himmel, und keine Menschenseele zu sehen. Und im Haus große weiße Zimmer, die er schnell entsprechend einrichtete. Kurz darauf ähnelte das Ganze ein wenig einem Szenenbild aus »Camelot«. Man nahm an, er habe das Haus gekauft, um von Steuervergünstigungen im Fürstentum Monaco zu profitieren. Das Haus befand sich aber auf französischem Staatsgebiet. Einige Jahre später kaufte er jedoch eine Zweizimmerwohnung in Monaco, in der er aber nur zwei Nächte verbrachte – er zeigte sich von der Wohnung enttäuscht. Nurejew begriff sehr früh, wie wichtig Geld ist. Er glaubte, im Westen würde der Einzelne nach seinem Vermögen beurteilt. Folglich verlangte er stets das höchstmögliche Honorar. Dabei unterstützte ihn sein Agent Sandor Gorlinsky, ein ehemaliger Ungarn-Flüchtling. Und er bemühte sich, keine Steuern zahlen zu müssen. Diesem Zweck diente eine Firma in Luxemburg, an die seine Honorare ohne Abzüge überwiesen wurden. Honorare, die immer größer wurden, da mit seinem Namen jeder Saal gefüllt werden konnte. Eine Rechnung, die aufging. Daher zum Beispiel auch die Idee einer Welttournee mit einer kleinen Gruppe von Tänzern des Royal Ballet, mit Nurejew und Fonteyn als Zugnummern. Nurejew und Bruhn planten, ein Star-Quartett zu gründen, in dem neben ihnen Fonteyn und Carla Fracci tanzen sollten. Aber die Tänzerinnen waren nicht damit einverstanden, den Partner zu wechseln – sie wollten nicht einmal mit Nurejew, einmal mit Bruhn tanzen –, woran das Projekt scheiterte. Dafür kamen sich Nurejew und Fonteyn bei dieser Tournee offenbar körperlich näher.

Die Mitglieder des Ensembles waren Zeugen, wie die beiden ununterbrochen Zärtlichkeiten und Küsse austauschten.

Am 2. April 1963 erschien in »Paris Jour« ein Artikel von Serge Lifar. Mehr als zwei Monate später, am 9. April, wurde die russische Übersetzung in »Iswestija« abgedruckt. In dem Artikel schrieb Lifar unter anderem, dass Nurejew niemanden liebe und alle verrate. Nur weil er zum Verräter wurde, las man weiter, habe man einen Star aus ihm gemacht. Er sei von zweifelhafter Moral, psychisch labil, hysterisch und selbstverliebt. Seine choreographischen Versuche führten ins Nirgendwo und zeigten seine mangelnde Phantasie. Alles, was er mache, sei ein Abklatsch von dem, was er bei Marius Petipa und dessen Lehrer gelernt habe ... Und dies schrieb ausgerechnet jemand, der selbst seit über einem halben Jahrhundert in der Fremde lebte. Jemand, der, wie Nurejew sagte, die Choreographie für die Invasion Hitlers auf Paris entworfen, Hitler das Palais Garnier gezeigt und mit den Faschisten kollaboriert habe. Und siehe da, jetzt, nach dieser Publikation, wurde er endlich eingeladen, sein Heimatland zu besuchen.

Frederick Ashton und Cecil Beaton schufen 1964 mit »Marguerite und Armand« eigens für Fonteyn und Nurejew ein Ballett. Erstmals entstand ein Ballett speziell für Rudolf. Es ist die Geschichte der Kameliendame: Die Frau dominiert, der junge Liebhaber steht in ihrem Schatten. Das Ballett von Ashton zeigt jedoch ein ebenbürtiges Paar. Wir waren wie besessen, erinnerte sich Nurejew an die Proben. Wir improvisierten und hatten viel Spaß dabei. Als ich aber nachfragte, ob jemand sich gemerkt hätte, was wir gerade eben gemacht hatten, konnte sich niemand so richtig erinnern. Ich war frustriert und oft wütend. Margot fiel die Arbeit leicht, ihre Improvisationen hatten etwas Natürliches, wohingegen ich immer im Voraus genau wissen wollte, was wir auf der Bühne machen werden. Ich glaube, das war unser einziges Problem. Wir begannen einzelne Passagen einzuüben, auf diese Weise erarbeiteten wir Stück für Stück den gesamten Pas de deux.

Schließlich gab es eine endgültige Fassung. Probleme traten bei den Kostümen auf: Fonteyn wollte – aus verständlichen Gründen – keine roten Kamelien auf ihrem Kleid, Nurejew keinen Frack mit langen

Schößen. Statt der roten bekam sie weiße Blumen, und er kürzte die Frackschöße nach eigenem Gutdünken. Seit der ersten Kostümprobe von »Giselle«, erzählte Fonteyn, weigerte er sich konsequent, Perücken zu tragen. Er entwickelte schnell seinen ganz eigenen Stil; er hatte ein feines Gespür für Moden und begann, langes Haar und Nehru-Kragen zu tragen, bevor dies in Mode kam. Während der Proben kam es mehrfach zu Zornesausbrüchen Nurejews. Er ließ seine Wut an Fonteyn aus. Ashton, dem es unbegreiflich war, wie man eine Frau, noch dazu eine Primaballerina, so behandeln konnte, stürzte sich seinerseits auf Nurejew. Fonteyn aber stand über all dem. Hatte sie genug, verließ sie einfach für einige Zeit den Probensaal. Dies alles erfüllte jedoch seinen Zweck. Er provozierte sie dazu, erinnerte sich Ashton, sich noch stärker mit der Rolle auseinanderzusetzen. Er erschien in ihrem Leben, als sie gerade ihren Tanzpartner Michael Somes verloren hatte und alles im Grunde recht durchschnittlich war. Und plötzlich spürte sie einen gewaltigen Impuls, der sie völlig verwandelte. Nurejew zeigte ihr Bereiche, die sie bis dahin nicht einmal berührt hatte. Besonders deutlich wurde dies in den Liebesszenen, in denen sich Fonteyn voll und ganz der Rolle hingab, mit ihr verschmolz. Nurejew war überrascht. Margot, entsann er sich, warf sich Gott weiß wohin, und ich musste ganz schön kämpfen. Die Königinmutter und Prinzessin Margaret besuchten die Premiere. »Die königliche Familie«, schrieb Ashton in einem Telegramm, »und ihre Untertanen waren begeistert«. Der Vorhang hob sich einundzwanzig Mal. Später, auf der Nordamerika-Tournee des Royal Ballet, waren es sogar vierzig Vorhänge. Die Präsidentengattin Jackie Kennedy, der man den Zutritt hinter die Kulissen verweigerte – weil man politische Verwicklungen befürchtete – schickte ihr Privatflugzeug und bestellte die Tänzer zum Tee ins Weiße Haus ein. Aus dieser Zeit datierte die Freundschaft zwischen ihr und Nurejew. Auf dieser Tournee begann Nurejew heftig zu trinken, er entdeckte immer neue Cocktails. In Toronto musste ihn Michael Wood, der Verwaltungsdirektor des Royal Ballet, mitten in der Nacht auf einem Polizeikommissariat abholen. Nurejew hatte auf Autodächern getanzt und wollte sich mit einem Polizisten prügeln ... Der exzessive Alkoholkonsum war

Mit Lisl Maar und Ully Wührer in »Schwanensee«, Wien 1964

In »Schwanensee«, Wien 1964

Bruhns Einfluss, der viel trank. Aber Nurejew wollte wie immer noch eine Nummer besser sein.

Im Frühjahr 1964 verbrachten Nurejew und Fonteyn einen Monat in Australien, wo sie jeden Tag mit dem dortigen Ballettensemble auftraten. Gegen Ende ihres Aufenthalts waren sie nicht nur erschöpft, sondern auch innerlich ausgebrannt. Nurejew suchte vor den Vorstellungen häufig Streit, um die nötige Spannung aufzubauen, die er später auf der Bühne brauchte. Wenn er es zu bunt trieb, trat Fonteyn zu ihm und sagte: Es reicht! Man sah jedoch, dass auch sie auf dem Zahnfleisch ging. Zudem beunruhigte sie, dass sie keinen Kontakt zu ihrem Mann hatte, der an den Parlamentswahlen in Panama teilnahm. Wieder zurück in Europa reisten Nurejew und Fonteyn zu Yehudi Menuhins Musikfestival nach Bath, wo sie am 9. Juni in der Uraufführung von Kenneth MacMillans »Divertimento« auftreten sollten. Dort erreichte Fonteyn die Nachricht, dass man ihren Mann angeschossen hatte – eine Kugel war neben der Wirbelsäule stecken geblieben. Zunächst war unklar, ob Tito überhaupt überleben würde. Später stellte sich heraus, dass sein Freund Alberto Jiménez auf ihn geschossen hatte – er stellte sich der Nationalgarde. Die Verletzung erwies sich als nicht lebensbedrohlich. Am nächsten Tag traten sie in der Eröffnungsgala des Festivals auf. Nurejew konnte nicht verstehen, warum Fonteyn nicht sofort nach Panama flog und stattdessen den Journalisten eine Komödie vorspielte, lächelte und so tat als sei nichts vorgefallen. Vielleicht wusste sie auch, dass es kein politisches Attentat gewesen war. In Wirklichkeit handelte es sich um ein Eifersuchtsdrama: Tito hatte sich auf eine Affäre mit Jiménez' Frau eingelassen, die ihren Mann verlassen wollte, und deshalb hatte dieser geschossen. Der Schütze musste nicht ins Gefängnis, denn Verbrechen aus Leidenschaft wurden in dem mittelamerikanischen Land nicht geahndet. Tito dagegen blieb bis an sein Lebensende gelähmt. Fonteyn musste, ob sie wollte oder nicht, weitertanzen, da die Pflege ihres Mannes nicht bloß *ein* Vermögen, sondern ganz konkret *ihr* Vermögen verschlang.

Auf dem Festival in Spoleto fand am 10. Juli 1964 die Premiere von »Raymonda« statt, dem ersten Ballett, das Nurejew selbst choreographierte. Die Titelrolle sollte Fonteyn tanzen – Nurejew behauptete im Übrigen, ihre Rolle sei der einzige Grund gewesen, sich diesem Ballett überhaupt zu widmen. Während Fonteyn sich in der Garderobe auf die Generalprobe vorbereitete, erhielt sie die Nachricht, der Gesundheitszustand ihres Mannes – er wurde in einem englischen Krankenhaus behandelt – habe sich dramatisch verschlechtert, sie müsse sofort nach England zurück. Weder die Premiere noch die anschließenden Vorstellungen wurden gut aufgenommen. Die Titelrolle tanzte Doreen Wells. Ashton kam, sah sich die Aufführung an und war schockiert über das tänzerische Niveau. Die Premierenfeier fand in der Villa des Komponisten Gian Carlo Menotti statt. Als Nurejew dort später aufkreuzte und sah, dass er Schlange stehen musste fürs Büfett, das fast nur noch aus Resten bestand, nahm er ein Weinglas, warf es auf den Boden und verließ den Empfang. Fonteyn schaffte es zur letzten Vorstellung am 19. Juli. Als sie die Bühne betrat, veränderte sich alles schlagartig. Ihr Glanz strahlte auf die gesamte Bühne und alle Mitwirkenden ab. Es war einer dieser magischen Momente im Theater. Das Publikum tobte. Nurejew lächelte erstmals wieder nach zwei Wochen. Der Vorhang hob sich dreiundzwanzig Mal.

1964 kam Nurejew an die Staatsoper Wien, wo er »Schwanensee« choreographieren sollte. Er beklagte sich, mit dem Royal Ballet nicht genügend Auftritte zu haben, denn er brauche die Disziplin und Stabilität eines guten Ballettensembles. Bedingungen, die sich ihm fast ein Vierteljahrhundert lang in Wien boten. Bei der Wahl des Titels und der Choreographie hatte man ihm völlige Freiheit gelassen. Er hatte sich für »Schwanensee« entschieden. Nurejew war sich seiner Schwächen als Choreograph durchaus bewusst, zum Beispiel, wenn es um die Verbindung der einzelnen Szenen ging. Die Wiener Zeit waren für ihn auch Lehrjahre: Ich musste mir das Handwerk des Choreographen selbst beibringen, sagte er rückblickend. Nicht zuletzt aus diesem Grund erklärte sich Nurejew einverstanden, mit einem Ensemble zusammenzuarbeiten, das damals kein allzu hohes künstlerisches Niveau hatte. Er beabsichtigte, das Ballett mit Erik Bruhn zusammen zu machen, der anschließend die Inszenierung für das Kanadische Nationalballett übernehmen wollte. Die ersten Proben leiteten sie gemeinsam, aber schon bald kam es zu Unstimmigkeiten, Stein des Anstoßes war unter anderem die Art und Weise, wie Nurejew die Rolle des Siegfried interpretierte – Bruhn konnte das nicht akzeptieren. Celia Franca in Toronto erhielt von Bruhn die Nachricht, er mache »Schwanensee«, vorausgesetzt Nurejew werde nicht engagiert. Daraufhin verließ Bruhn Wien. Auch Fonteyn, die in der Schlussphase der Proben erschien, erkannte in Nurejews Version nur mit Mühe das Ballett wieder, in dem sie so oft getanzt hatte. Die Überschrift des Premierenberichts in »Dancing Times« lautete: »Ein Ballett unter dem Titel Siegfried«.

Interessant war Nurejews Verhältnis zu den Tänzern, erinnerte sich Christa Himmelbauer. Wenn sich jemand nicht gleich die Schritte merken konnte, nahm er ihn an der Hand und zeigte alles in Ruhe. Das war neu für uns. Er war sehr geduldig, sehr freundlich zu allen. Er wusste auch genau, warum ein Pas nicht klappte. Mit den Jahren verlor er diese Geduld. Kam es während der Proben zu »Schwanensee« zu Meinungsverschiedenheiten, dann vor allem mit Margot Fonteyn. Sie hatte »Schwanensee« unzählige Male getanzt, und plötzlich wollte Nurejew etwas völlig anderes. Sie versuchte also, Einfluss zu nehmen, was zum Streit führte. Fonteyn verließ den Probensaal, kehrte später wieder zurück. Wir verfolgten erschrocken die Auseinandersetzungen. Fonteyn wusste jedoch ganz genau, wie sie mit Nurejew umgehen musste, um ihren Willen durchzusetzen. Wenn die Arbeit nicht so lief, wie Rudolf es sich vorstellte, konnte er explodieren. Sechs Wochen, täglich von morgens bis abends. Trotzdem war das die schönste Zeit für das Ballettensemble in Wien. Und ich bin glücklich, dass ich dabei gewesen bin, mit Rudolf in seiner besten Zeit zusammenarbeiten durfte.

Das Ballett war aber nicht der einzige Grund für die Konflikte zwischen Nurejew und Fonteyn in Wien. Sie war schwanger, sagte Christa Himmelbauer, und der Vater des Kindes war Rudolf. Fragte man Fonteyn direkt, ob sie mit Nurejew ein Verhältnis habe, antwortete sie stets ausweichend. Sie bestritt es weder, noch bestätigte sie es. Nurejew dagegen bestätigte es häufiger, als dass er es bestritt. Etwa zwei Jahre vor seinem Tod sagte er zu seinem Assistenten, er hätte Margot vielleicht heiraten sollen, zumal sie von ihm schwanger gewesen sei. Auch war bekannt, dass Fonteyn intime Kontakte nicht scheute. Sie hatte die ungewöhnliche Gabe – schenkt man ihren Partnern Glauben –, die Muskeln des Beckenbodens virtuos zu bewegen.

Rudolf arbeitete unglaublich viel, erinnerte sich Christa Himmelbauer. Das war vermutlich schon immer so, seit er mit dem Tanzen begonnen hatte. Als er nach Wien kam, um »Schwanensee« zu machen, arbeiteten wir nur von montags bis freitags. Es gab damals im Ensemble einen sehr talentierten jungen Tänzer, Peter Mallek. Rudolf fragte Peter und mich, ob wir nicht mit ihm zusätzlich proben möchten. Wir erklärten uns bereitwillig einverstanden und absolvierten zu viert – Fonteyn war auch mit von der Partie – täglich zusätzliche Proben. So war es auch bei den anderen Balletten, die er in Wien machte. Wir haben damals sehr viel gelernt, wenngleich die Proben sehr intensiv und hart waren. Rudolfs Muskeln waren nicht besonders geschmeidig, er musste sich deshalb lange aufwärmen, um tanzen zu können. Aber auch während der Aufwärmübungen beobachtete er uns und gab uns Tipps, was wir verbessern können. Er war uns gegenüber überaus herzlich.

Die Wiener Premiere von »Schwanensee« war ein Riesenerfolg. Der Vorhang hob sich – die Ovationen nach dem Auftritt von Fonteyn und Nurejew mitgerechnet – sage und schreibe neunundachtzig Mal. Es war nicht nur künstlerisch, sondern auch finanziell ein großer Erfolg. Alle Vorstellungen, selbst die, in denen Nurejew nicht tanzte, verkauften sich ausgezeichnet. Daher schlug Wien Nurejew sofort eine weitere Produktion vor. Die Wiener Premiere von »Schwanensee« veränderte die Einstellung zu den klassischen Balletten. Bis dahin wurden sie fast als etwas Heiliges betrachtet, an denen nichts geändert werden durfte. Obwohl allgemein bekannt war, dass Petipa zum Beispiel die Rolle des Siegfried für den damals über fünfzigjährigen ersten Solisten Pawel Gerdt geschaffen hatte. Es war daher eine tänzerisch wenig anspruchsvolle Partie, denn Gerdt wäre einer schwierigeren Rolle körperlich nicht mehr gewachsen gewesen. Hatte es Sinn, dies in den nächsten Inszenierungen zu wiederholen? Nurejew hat sich das gefragt. Seine

Antwort lautete: Es hat überhaupt keinen Sinn. Und deshalb begann sein Siegfried zu tanzen, begann in der Handlung des Balletts eine Rolle zu spielen.

Ich hatte als Ballettlehrer oft Gelegenheit, mit Nurejew zu arbeiten, während seiner frühen Jahre an der Staatsoper Wien, aber auch ab und zu während seiner späteren Karriere in Europa, erzählte Alex Ursuliak. Die Unterrichtseinheiten waren nie lang noch hart genug. Er brauchte viel Zeit, bis seine Muskeln ihre Arbeitstemperatur erreicht hatten, aber war er einmal so weit, konnte er ununterbrochen üben. Er hatte eine unglaubliche Ausdauer, ich erinnere mich nur an wenige Tänzer auf seinem Niveau. Nie war er zufrieden mit dem, was er gerade machte, obwohl es besser war als das, was die anderen in der gleichen Zeit leisteten. Er liebte es, Risiken einzugehen. Manchmal waren seine Sprünge in der Luft nicht symmetrisch, es gelang ihm aber immer, in der erforderlichen Haltung zu landen. Oft musste in der Staatsoper mit dem Aufziehen des Vorhangs gewartet werden, weil er noch ein letztes Mal eine Variation vor dem Auftritt proben wollte. Er sagte, er sei dies den Zuschauern schuldig, die viel Geld für die Eintrittskarten bezahlen, er wolle ihnen deshalb das Bestmögliche bieten.

Zu oft waren Erik Bruhn und Rudolf Nurejew auf der Bühne Rivalen. Nurejew hatte damit kein großes Problem, obwohl nicht auszuschließen ist, dass er es einfach nicht zugeben wollte. Bruhn dagegen machte bei Vertragsverhandlungen häufig zur Bedingung, dass Nurejew nicht dabei sein sollte. Sobald er jedoch aus gesundheitlichen Gründen eine Rolle nicht tanzen konnte, schlug er von sich aus vor, man solle Nurejew holen. Bruhn bereitete in Toronto »La Sylphide« in der Fassung von August Bournonville vor. Nurejew wollte unbedingt die Rolle des James einstudieren. Eine Figur, die dem Siegfried in »Schwanensee« und dem Albert in »Giselle« sehr ähnlich ist – James verliebt sich wie die beiden in ein übernatürliches Wesen. Nach seiner Mandeloperation fuhr Nurejew im Rahmen der Rekonvaleszenz nach Kanada. Er wollte dort so viel wie möglich von Bruhn lernen, den er in dieser Rolle in Florenz gesehen hatte. Und weil Bruhns Traumpartnerin Carla Fracci, die er für eine moderne Reinkarnation von Marie Taglioni hielt, nicht konnte, schlug Nurejew Lynn Seymour vor. Erik wollte mich nicht, erinnerte sie sich, aber es war sinnlos, sich das zu Herzen zu nehmen. Zum Glück war Rudolf dort und dank ihm war das Ganze nicht allzu dramatisch. Allerdings räumte sie ein, dass es, wenn sie zu dritt waren, mitunter zu äußerst heftigen Szenen kam. Damals entwickelte sich jedoch eine Freundschaft zwischen Nurejew und Seymour, die von da an häufig zusammen auftraten.

Es überraschte niemanden großartig, als Bruhn nach der Premiere plötzlich Probleme mit seinem Knie bekam. Man suchte nach Ersatz, und Bruhn schlug vor, Nurejew könne doch die Rolle tanzen. Es blieben nur zwei Tage bis zur nächsten Vorstellung. Nurejew hatte zwar an den Proben teilgenommen, aber nur als Zuschauer. Außerdem war er beim Eislaufen ausgerutscht und hatte sich leicht verletzt. Die Rolle des James in zwei Tagen zu lernen, schien ein Ding der Unmöglichkeit zu sein – das war so, als wollte man in derart kurzer Zeit die große Rolle des Albert in »Giselle« einstudieren. Nurejew liebte solche Herausforderungen. Und wieder einmal bewies er, dass nichts unmöglich ist. Er tanzte mit großer Sicherheit. Für die Kanadier war dieser Ersatz eine Sensation. Bruhn hatte den Auftritt des Freundes von hinter der Bühne verfolgt, er lief von einer Seite zur anderen, und absolut nichts deutete darauf hin, dass er irgendwelche Probleme mit dem Knie hatte. Genervt, ja sogar recht aggressiv bahnte er sich den Weg durch die wartende Menge der Kritiker und Fans zu Nurejews Garderobe. Herr Bruhn hat mir die Rolle von Anfang an angeboten, sagte Nurejew zu ihnen, weil es schwierig ist, die Choreographie zu machen und gleichzeitig selbst zu tanzen. Natürlich habe ich sofort zugesagt.

Am nächsten Tag tanzte Bruhn die Vorstellung seines Lebens – seine Knieprobleme waren vergessen. Der Vorhang hob sich fünfundzwanzig Mal, bei Nurejew waren es nur neunzehn Vorhänge gewesen. In »Globe and Mail« erschien eine ausführliche Besprechung des Balletts. Ralph Hacklin bewunderte Bruhns Zurückhaltung, Nurejews romantischen James hielt er jedoch für ein spektakuläres Schauspiel. Zwischen Nurejew und Seymour gebe es mehr Leidenschaft, was der kühlen Interpretation Bruhns fehle. Allgemein wurde Nurejews Tanz von der Kritik höher bewertet, und das Publikum bevorzugte die etwas verrückte, emotionale Interpretation von Nurejew. Natürlich galt das nicht nur für »La Sylphide«. Daher auch die Aggressionen zwischen den beiden, die Rivalität, die zu nichts führte, und infolgedessen Bruhns Selbstzweifel, der immer häufiger zum Alkohol griff und mit Depressionen zu kämpfen hatte. Nurejew bewunderte ihn und schaute sich viel von ihm ab. Das hat Nurejew stets betont. Bruhn dagegen wollte immer beweisen, wer von den beiden der Bessere ist.

Rudolf Nurejew wurde weltberühmt. Presse und Öffentlichkeit waren von dem gut aussehenden, brillanten Tänzer begeistert. Jede noch so belanglose Geschichte, die mit ihm zu tun hatte, wurde aufgebläht. Wichtiger war jedoch, was einer der Entscheidungsträger in Covent Garden sagte: Er habe lieber mit zehn Callas' zu tun als mit einem Nurejew. Er war schwierig, unkontrollierbar und allzu oft kamen seine wilde Seite und seine Aversion gegen Normen und Regeln zutage. Und häufig, allzu häufig rückten kleinere oder größere Skandale seinen Tanz in den Hintergrund. Er wollte ausschließlich als Tänzer beurteilt werden. Das Interesse der Presse an meiner Person, sagte er, störte mich. In Russland wurde man offiziell nie so schikaniert. Viele Dinge wurden nicht richtig dargestellt, und das hat mich sehr geärgert. Ich versuchte, mich von den Journalisten fernzuhalten, habe keine Interviews gegeben und wurde schnell als schwierig und unhöflich abgestempelt. Ich wollte bloß, dass nicht ständig über mich geschrieben wird. Ich wollte ein einfaches Mitglied des Royal Ballet sein. Ich befürchtete, dass ich aufgrund des Medieninteresses nie ganz zu diesem Ensemble gehören werde. Und nicht akzeptiert werde.

Die überaus spontanen Sechziger, die Zeit der Jugend, und mitten in diesem Treiben, ähnlich einem Popstar, Rudolf Nurejew. Er hat zur Popularisierung des Tanzes immens beigetragen. Damals, erzählte Christa Himmelbauer, haben sich alle normal verhalten. Nur er konnte sich Skandale erlauben. Vielleicht auch deshalb, weil er zweihundertprozentig lebte und arbeitete. Aber er konnte auch unglaublich amüsant sein. Niemand hat im Ballettsaal so viel Scherze gemacht wie er. Mit niemandem haben wir so gelacht. Gleichzeitig hatten wir allergrößten Respekt vor ihm, vor seiner Kunst, vor seiner Arbeit, vor seiner außergewöhnlichen Persönlichkeit. Verbunden mit einer gewissen Unsicherheit, weil wir nie wussten, was im nächsten Moment geschehen würde. Ein falscher Satz oder ein verkehrter Schritt konnten einen Vulkanausbruch auslösen. Was zur Folge hatte, dass man aus dem Ballettsaal geworfen wurde oder einen Schwall ordinärer Beschimpfungen über sich ergehen lassen musste. Die Chance, sich künstlerisch weiterzuentwickeln, auch als Choreograph, ergab sich 1964, als sich die Bindungen an das Royal Ballet lockerten. Sie haben mich einfach aufs Abstellgleis geschoben, erinnerte er sich, sie sagten, ich sollte mir eine Pause gönnen und wir würden im Herbst weitersehen. Oder im Januar oder April, irgend so etwas in der Art. Zwischenzeitlich hatte ich also keine Arbeit und keine finanzielle Sicherheit. Ich wusste nicht recht, wie es weitergehen sollte. Also habe ich angefangen, große Ballettwerke zu choreographieren, unter anderem in Wien. Dort machte ich »Schwanensee« und »Don Quichotte«, danach an der Mailänder Scala »Dornröschen«, in Stockholm den »Nussknacker« und nochmals »Don Quichotte« in Zürich. So hatte ich Arbeit in der Zeit, in der ich in London nicht gebraucht wurde.

Die Premiere von »Romeo und Julia« in Covent Garden am 9. Februar 1965 endete mit vierzigminütigen Ovationen. Der Beifall galt selbstverständlich Nurejew und Fonteyn, die ursprünglich nicht als Premierenbesetzung vorgesehen waren. Dies sorgte beim Ensemble für Missfallen. Die Ungerechtigkeit in der ganzen Affäre rund um »Romeo und Julia«, erzählte Annette Page, war für uns ein Wendepunkt. Niemand schien wahrhaben zu wollen, dass Nurejew ohne eigenes Zutun in die Sache hineingezogen worden war. Es wurde über seinen Kopf hinweg entschieden. Kenneth MacMillan, der Choreograph dieser Ballettversion, wollte, dass Lynn Seymour und Christopher Gable die Premiere tanzten. Sir David Webster, der damalige Chef von Covent Garden, wünschte sich dagegen Änderungen in der Besetzungsliste. Niemand wagte ihm zu widersprechen, weder MacMillan noch Frederick Ashton, der künstlerische Leiter des Royal Ballet, es war eine Dienstanweisung, über die nicht diskutiert wurde. Fast wie ein

Befehl klang auch die Forderung des bekannten amerikanischen Konzertagenten Sol Hurok, Fonteyn und Nurejew sollten die New Yorker Premiere tanzen. Andrew Porter verglich in der »Financial Times« alle fünf Londoner Besetzungen miteinander und kam zu dem Schluss, dass die vollständigste Interpretation die von Seymour und Gable gewesen sei – was nahelag, da die Choreographie von MacMillan auf dieses Paar zugeschnitten war. Und dennoch wurden Nurejew und Fonteyn nicht nur das berühmteste Paar in der Ballettwelt, sondern auch das Symbol des Royal Ballet. Anlässlich der New Yorker Premiere schaffte es Rudolf Nurejew am 19. April 1965 gleichzeitig auf die Titelseiten von »Times« und »Newsweek« – ein seltenes Ereignis in der Geschichte beider Magazine. Ihm und Fonteyn spendete das Publikum stehende Ovationen, die oft länger dauerten als das Ballett selbst. Sie wurden Woche um Woche in die »Ed Sullivan Show« eingeladen, die der Fernsehsender CBS produzierte, und sie waren der Grund, dass sich das breite Publikum für diese Kunstgattung zu interessieren begann. Man könnte sogar sagen, sie lösten eine Art Hysterie aus. Eine positive Hysterie. Als man Nurejew Jahre später danach befragte, antwortete er, dass es ihm nicht möglich gewesen sei, diese Zeit zu genießen, denn er sei ständig damit beschäftigt gewesen, sich zum Auto durchzukämpfen, um losfahren zu können.

Trotz der vielen Arbeit verschwand er jedoch manchmal mit David Richardson, einem jungen Tänzer des New York City Ballet, um Sex zu haben oder stundenlang durch New York zu spazieren und ihm von Russland zu erzählen. In London war er einsam. Rudolf ist immer nachts spazieren gegangen, erinnerte sich Fonteyn, eine verlassene Gestalt, die immer kleiner wurde, vor dem Hintergrund einer menschenleeren Straße. Etwas Tragisches lag in den Schritten, mit denen er sich entfernte ... Fonteyn kümmerte sich um ihren gelähmten Mann, Bruhn trat in Chicago auf. Nurejew saß allein im Restaurant »La Popote« und aß zum tausendsten Mal ein fast rohes Steak. Dort lernte er auch den Schauspieler Keith Baxter kennen, mit dem er eine wilde Affäre hatte. Sie gingen in Nurejews Wohnung. Der Gastgeber verschwand in die Küche, um einen Drink zu holen. Baxter hatte erst einen Schuh ausgezogen, als Nurejew mit zwei Gläsern Wodka in der Hand völlig nackt wieder zurückkam. Ich kam nicht einmal dazu, erinnerte sich Baxter, einen Schluck zu nehmen, denn er lag bereits bäuchlings auf dem Teppich. Das Ganze fand schnell und mechanisch statt. Danach erhob sich Nurejew und verließ das Zimmer. Ich wartete eine Weile, doch da er nicht wieder auftauchte, trank ich beide Wodka aus und brachte die leeren Gläser in die Küche. Als ich nach meinen Autoschlüsseln griff, hörte ich seine Stimme: »Du bleibst hier!« Das wollte ich nicht. Keine Ahnung, ob er es verstand, als ich ihm sagte, er solle sich das nächste Mal einen Roboter anschaffen, wenn er Lust auf Sex bekomme. Er hatte an diesen Abend getanzt, und sein Körper war verschwitzt. »Bleib!« Ich ging ins Bad, ließ Wasser einlaufen und sagte ihm, er solle in die Wanne steigen. Ich begann ihn zu waschen. Das hat ihn sehr erregt. Mich auch. Ich habe ihn trocken gerieben und ein Handtuch auf dem Bett ausgebreitet, auf das er sich legte. Dann habe ich ihn eingeölt. Er hatte die Muskeln eines Athleten. Ich drehte ihn auf den Bauch. Sein Arsch war bildhübsch, kein Wunder, dass er sehr stolz auf ihn war. Und noch eine Sache konnte Baxter während ihrer Affäre beobachten: Nurejews Einsamkeit. Sein Englisch ließ immer noch zu wünschen übrig, es fiel ihm schwer, sich an Gesprächen zu beteiligen. Daher unterhielt er auch keine freundschaftlichen Beziehungen zu anderen Tänzern des Ensembles. In Gesellschaft zeigte er sich von seiner arroganten Seite, um seine Minderwertigkeitskomplexe zu überspielen. Er hatte sich stets unter Kontrolle, um ja keinen Fauxpas zu begehen. Am Tisch achtete er penibel darauf, das richtige Messer zu benutzen. Nur beim Tanz und beim Sex fühlte er sich sicher. Dort gab es keine Probleme. Dort wusste er, was wie abzulaufen hatte.

Am 18. Mai 1966 fand an der Staatsoper Wien die Premiere von Nurejews erster eigenständiger Choreographie »Tancredi« statt. Es war kein klassisches Ballett neu inszeniert, sondern ein Ballett zu zeitgenössischer Musik. Die Kritiker und das Publikum fanden an der Premierenvorstellung keinen Gefallen. In diesem Punkt war man sich einig. Der Abend war in jedweder Hinsicht eine einzige Enttäuschung. Ich kann mich an die Arbeit an »Tancredi« zur zeitgenössischen Musik von Hans Werner Henze erinnern, erzählte Christa Himmelbauer. Rudolf hatte Schwierigkeiten mit der Choreographie, vielleicht auch, weil die Musik ihn nicht genügend inspirierte. Auf jeden Fall fragte er uns, ob wir ihm zu einer bestimmten Passage irgendwelche Schritte anbieten könnten. Das konnten wir nicht, denn in Wien waren wir es nicht gewohnt, dem Choreographen überhaupt etwas vorzuschlagen. Aurel von Milloss, unser Direktor, händigte uns gewöhnlich Zettel mit Skizzen von seiner Choreographie aus – sie setzten sich aus fünf verschiedenen Pas zusammen, mehr kannte er nicht –, und wir machten nur das, was er von uns verlangte. Rudolf dagegen hatte einen anderen Arbeitsstil. Bei »Tancredi« ging alles schief. Mit dem Ergebnis, dass wir das Ballett nur selten tanzten. Auch das Publikum konnte sich für »Tancredi« nicht so richtig erwärmen. Aus heutiger Sicht war es jedoch nicht so schlecht, wie wir damals dachten. Bei den klassischen Ballettwerken gab es dieses Problem nicht. Rudolf hatte ein Gedächtnis wie ein Elefant und von allen Figuren die Schritte im Kopf.

Ein paar Monate später sollte an gleicher Stelle »Don Quichotte« in der Choreographie von Nurejew Premiere haben. Diesmal beschloss er, sich ernsthaft darauf vorzubereiten. Den Sommer wollte er mit der Lektüre von Cervantes' Roman verbringen. Es gibt dort so viel Inhalt, sagte er, aber im Ballett müssen wir oberflächlich bleiben. Ich habe versucht, verschiedene Gedanken aus dem Buch, ja selbst die Eindrücke, die die Lithographien von Callot auf mich gemacht haben, in Tanz zu übertragen, aber ich hatte Angst, zu viele kommentierende Elemente einzufügen. Das Ganze setzte sich im Grunde aus einer Reihe von Tänzen zusammen, die mal schwungvoll, mal komisch waren. Die Premiere am 1. Dezember 1966 hielt nicht, was sie versprach. Nurejew tanzte selbstverständlich mit großem Engagement, aber Ully Wührer in der Rolle der Kitri war Lichtjahre von dem entfernt, was andere Tänzerinnen in dieser Rolle zu zeigen vermochten. »Wie herrlich muss der Schluss sein«, schrieb der Kritiker in »Dance and Dancers«, »wenn er mit der entsprechenden Dynamik getanzt wird, was dieses Mal leider nicht der Fall gewesen ist.« Während seiner Variationen, erinnerte sich Christa Himmelbauer, als wir auf der Bühne standen und ihn fasziniert anstarrten, schrie er uns an, wir sollten weiterspielen. Wir haben mehrmals den Fächer bewegt und sind dann wieder in Begeisterung erstarrt. Er schrie uns erneut an. Bei jeder Aufführung rief er uns Bemerkungen zu und achtete die ganze Zeit selbst auf die kleinsten Einzelheiten. Das Problem mit seinen Choreographien war, sagte Alex Ursuliak, dass er in jeden Tanz zu viele Tricks einbaute, sodass das Publikum häufig nicht bemerkte, wie kompliziert seine Figuren waren.

Er bereitete damals die nächsten Produktionen vor, erinnerte sich Christa Himmelbauer weiter, »Don Quichotte« und andere, in denen er mich mal kleinere, mal größere Solonummern tanzen ließ. Das hat mir natürlich sehr bei meiner Karriere geholfen. Während meiner aktiven Zeit als Tänzerin bin ich jeden Sommer zu Marika Besobrasova nach Monaco gefahren, um zu üben und aufzutreten. Von da an lud er mich auch zu jeder seiner Premieren in Europa ein. Wann immer ich konnte, fuhr ich hin, zum Beispiel nach Mailand, wo er zum ersten Mal »Dornröschen« inszenierte und mit Carla Fracci tanzte. Dort ereignete sich etwas Lustiges. Nach der Premiere ging ich zu ihm in die Garderobe, wo er mich rundheraus fragte, ob es schwierig gewesen sei. Mein Englisch war damals nicht das Beste, ich dachte, es ginge ihm um die Technik, also antwortete ich, ja sehr. Er war bestürzt, bis es sich herausstellte, dass er nicht die Technik gemeint hatte, sondern wissen wollte, ob es für das Publikum nicht zu kompliziert und ermüdend gewesen sei, der Handlung zu folgen. Dann gab er mir ein von ihm signiertes Foto und forderte mich auf, zu der Frau, die in der Nähe stand, zu gehen und sie um ein Autogramm zu bitten. Ich verstand nicht, warum ich zu einer Frau gehen sollte, die sich wie Gina Lollobrigida gebärdete. Er überredete mich. Also ging ich zu ihr, und erst da erkannte ich, dass die Frau keine schlechte Kopie, sondern das Original war. Rudolf lachte sich schief über diese Szene und mein verdutztes Gesicht. Mit ihm war ich immer in bester Gesellschaft – schließlich fühlten sich alle von ihm angezogen wie die Bienen vom Honig. Jeder wollte ihn auf der Bühne tanzen sehen. Später war ich bei der Uraufführung von »Paradise lost« in Paris, die Roland Petit mit Rudolf und Fonteyn vorbereitete. Damals wusste ich bereits, dass die

Personen auf der Premierenfeier, die ich aus Filmen oder Zeitschriften kannte, wirklich echte Stars waren.

Marika Besobrasova organisierte in Monaco ein Tanzfestival, auf dem Nurejew jedes Jahr auftrat. Manchmal auch zusammen mit Margot Fonteyn. Ins Gedächtnis eingeprägt hat sich ihr Auftritt in »Giselle« 1967. Nurejew steckte damals in einer Krise und reagierte seinen Frust an Fonteyn ab. Er nannte sie in Anwesenheit des Ensembles eine alte Kuh, erinnerte sich Ghislaine Thesmar. Er war einfach widerlich, fasste Yvette Chauviré zusammen. Und Fonteyn stand weinend hinter der Bühne und wartete auf ihren Auftritt. Während der Aufführungen von »Schwanensee«, erzählte Christa Himmelbauer, hatten wir zwischen dem zweiten und dem dritten Akt oft eine Stunde Pause. Die Zuschauer saßen auf ihren Plätzen und verlangten, die Vorstellung fortzusetzen. Der Inspizient ging zu Rudolf und bat ihn fast auf Knien: »Maestro, können wir jetzt anfangen?« War der zweite Akt zu Ende, legte Rudolf sein Kostüm ab, zog seine Trainingskleidung an und übte die ganze Zeit. Der Prinz hatte im zweiten Akt nicht allzu viel zu tanzen, und dies obwohl Rudolf eine Variation hinzugefügt hatte, um nicht nur Partner und »drittes Bein« der Ballerina zu sein. Hinzu kam die zwanzigminütige Pause, wodurch seine Muskeln schnell ihre Geschmeidigkeit verloren. Außerdem brachte ihn das aus der Rolle, lenkte ihn ab. Also übte er, während wir fertig in unseren Kostümen dasaßen und zusahen, wie er fast sein gesamtes normales Trainingsprogramm abspulte. Er tanzte auch die Variation aus dem dritten Akt. Nach einer knappen Stunde Pause erlaubte er großzügig, die Vorstellung fortzusetzen. Es kam relativ häufig vor, dass er über etwas verärgert war und während der Übungen zu einzelnen Tänzern oder Tänzerinnen trat und sie beleidigte oder anschrie. Vielen verpasste er Spottnamen, die manchmal ziemlich ordinär waren. Das betraf vor allem die Tänzer, die ihm als Männer nicht gefielen. Wir verstanden damals nicht, warum er das tat. Er wiederum war überrascht, dass wir es als Beleidigung auffassten. Zweck der Übung war es, die Spannung aufrechtzuerhalten, in der Stimmung zu sein, die Rolle zu spielen. Er brauchte das, damit die Aufführung, an der er mitwirkte, von starken Emotionen begleitet wurde.

Bühnenprobe »Tancredi«, Wien 1966

Mit Ully Wührer in »Tancredi«, Wien 1966

Im Übrigen machte er das nicht nur für sich selbst, sondern auch für uns. Die meisten von uns saßen gelangweilt da, während sie seinem Training zusahen. Auch deshalb diese Ausbrüche.

Er behauptete, Margot Fonteyns beste Jahre seien unwiederbringlich vorbei, sie könne nicht mehr mit ihm Schritt halten. Er wollte ihr nicht als Partnerin ausgeliefert sein, also begann er darüber zu sprechen und sich nach einer anderen Tänzerin umzusehen. Außerdem akzeptierte er keine Partnerin, die seine Hilfe brauchte. Und schon gar nicht, wenn dies auf irgendeine Weise seine Soloparts gefährdete. Für Aufsehen sorgte eine Aufführung des »Don Quichotte« in Wien, in der er seine Partnerin Ully Wührer dreimal beinahe stürzen ließ. Carla Fracci sagte: Wenn man mit Nurejew tanzt, braucht man einen viel höheren Grad an Disziplin, man muss lernen, auf den eigenen Beinen zu stehen und noch die Kraft zu finden, ihm zu helfen. Wir probten fünf Wochen lang mit Marianne von Rosen aus Kopenhagen »La Sylphide« in Monaco, erinnerte sich Christa Himmelbauer. Rudolf traf erst fünf Tage vor der Premiere ein. Da ich meine Rolle schnell gelernt hatte, bat mich von Rosen, auch Rudolfs Part zu lernen, um ihn bei den Proben zu ersetzen. Später war ich dann seine Lehrerin, sagte ihm, wann und wie er was zu tun habe. Während der ersten Vorstellung klappte alles, weil er aufmerksam zuhörte, wenn ich zum Beispiel sagte »links«, »nach hinten«, »jetzt zu mir«. Bei der zweiten Aufführung, als wir einen Kreis bildeten, sagte ich zu ihm »jetzt nach rechts«, er aber ging nach links, und wir stießen zusammen. Sein Blick ließ mich erstarren. Als wir von der Bühne traten, sagte er, sollte so etwas noch einmal vorkommen, werde er mich schlagen. Ich war stinksauer und antwortete, es sei seine Schuld gewesen, ich hätte ihm deutlich gesagt »nach rechts«, er habe den Fehler gemacht, nicht ich. Wir haben uns jedenfalls ziemlich laut und lange hinter der Bühne gestritten. Aber ihm gefiel das, dass jemand anderer Meinung war, dass ihm jemand widersprach, denn diejenigen, mit denen er sonst zu tun hatte, hatten meistens Angst vor ihm. Ich war damals wütend, da es wirklich nicht einfach war, die eigene Rolle zu tanzen und ihm dabei ständig zu sagen, was er zu tun hatte.

1966 wurde Waclaw Orlikowsky Ballettdirektor an der Wiener Staatsoper, der nicht die Absicht hatte – insbesondere nach »Don Quichotte« –, weitere Ballette von Nurejew ins Repertoire aufzunehmen. Nurejew nahm daher gerne das Angebot der Mailänder Scala wahr, »Dornröschen« zu inszenieren. Dieses Ballett, sagte er, ist wie »Parsifal« ... sehr lang und sehr üppig. Und fügte hinzu: Wenn du diese Ballette kennst, dann weißt du, was ein Choreograph sich erlauben darf. Nur bis zu einem bestimmten Moment kannst du etwas Eigenes einbringen. Petipa ist darin Meister. Seine Choreographien sind die Grundlage aller Ballette. Nurejew schuf ein prachtvolles Schauspiel in herrlichen, atemberaubenden Bühnenbildern. Carla Fracci tanzte wie ... Margot Fonteyn. Fonteyn war für sie immer ein Star, dem es nachzueifern galt. Sie war ihre Lehrerin und ihr Vorbild. Die Premiere am 22. September 1966 war ein voller Erfolg. Selbst Nurejew war bis zu seinem Lebensende der Ansicht, dass dies sein bestes und erfolgreichstes Ballett gewesen sei. Allerdings war in »Dornröschen« von allem entschieden zu viel. Zu viel Bühnenbild, zu viel Tanz. Überhaupt zu viel Nurejew.

Damals trennten sich Nurejew und Erik Bruhn. Einvernehmlich, ohne Drama. Sie kamen zu dem Schluss, dass eine Scheinbeziehung sinnlos sei – schließlich waren sie dauernd auf Reisen –, dass sie ihnen mehr Leid als Freude brachte. Bruhn wollte es so, weil er wusste, dass Nurejew nicht warten konnte. Er brauchte ständig Sex, wo und mit wem auch immer. Nurejew nutzte in der Tat buchstäblich jede Gelegenheit. Er war verzweifelt, denn er verstand nicht, was das eine mit dem anderen zu tun haben sollte. Andererseits hatte er genug von Bruhns Trinkerei und seinem gemeinen und widerlichen Benehmen im besoffenen Zustand. Es ist Schluss, sagte Nurejew, er ist die Liebe meines Lebens, aber jetzt ist Schluss. Sprachs und weinte. »Mein geliebter Rudik«, schrieb Bruhn in einem Brief an Nurejew, »mitten in dieser schrecklichen Nacht bin ich plötzlich mit dem Bewusstsein aufgewacht, dass ich jetzt etwas von Dir weiß, was ich vorher nicht wusste oder nicht verstand. Plötzlich sah ich ganz klar, warum Du nicht allein sein kannst. Ich habe die Hoffnung gehabt und geglaubt, Du würdest vielleicht auf mich warten, bis ich nach London komme.

Ich habe geglaubt, du würdest mich lieben, wie ich Dich noch immer liebe und immer lieben werde, mit ganzem Herzen und ganzer Seele. Wenn Dein Geheimnis darin besteht, dass du nicht allein sein kannst, dass Du ständig jemanden um Dich herum haben musst, kommt dieser Brief zu spät ... Wenn dies Deine Natur ist ... Du Angst hast, selbst ein oder zwei Nächte allein zu sein ... dann kennst Du wahre Liebe nicht.« Carla Fracci, mit der Bruhn viel tanzte, erklärte er, er liebe Nurejew, habe aber nicht die Kraft, mit ihm zusammen zu sein.

Nurejew begann sich vor Frauen zu fürchten, denn er hielt sie für Vampire. Margot, sagte er, hat enorm profitiert von dem Tanzen mit mir, ich umgekehrt viel weniger. Marlene Dietrich machte ihm, diesem Jungen, wie sie sagte, den Hof. Nurejew hatte wirklich Angst, sie könnte ihn an ihr Bett festbinden. Wenn ich in zwanzig Minuten nicht zurück bin, bat er, komm und hol mich raus. Gleichzeitig interessierten ihn immer weniger Dinge und Menschen. Die Begegnung mit Mick Jagger war eine Katastrophe. Sie hatten sich nichts zu sagen. Ich rauchte nicht, erinnerte sich Nurejew, ich nahm keine Drogen, wir hatten also nichts Gemeinsames. Aber er trank. Und das nicht zu knapp. Das habe ich mir im Westen angewöhnt, betonte er. Doch selbst die größten Alkoholexzesse standen seinen Auftritten nie im Weg. Der Tanz stand über allem. Selbst über der Liebe. Die Liebe zu Bruhn bezeichnete er am Ende als einen Fluch. Er war ihrer überdrüssig. Er wollte nicht, dass die Liebe ihn vom Tanzen abhielt, ihn ablenkte. Mit Lee Radziwill spazierte er nachts durch die Stadt, sie betrachteten die Auslagen der Schaufenster, und am nächsten Tag suchte er die Geschäfte auf, in denen sie etwas Interessantes gesehen hatten. Später nahm das Kaufen krankhafte Züge an. Der Kauf zahlloser Gegenstände deutete darauf hin, dass in Nurejews Privatleben nicht alles zum Besten stand. Es war eine Ersatzhandlung, um die Einsamkeit und Leere mit etwas auszufüllen. Schließlich benutzte er die Dinge, die er kaufte, nicht einmal. Der Kauf an sich war das Wichtigste und bereitete ihm unaussprechliche Freude. In einem Pariser Banksafe bewahrte er unzählige Gegenstände auf, von Tafelsilber bis zu Teppichen. Fraglich, ob er sich das alles nach dem Kauf überhaupt noch einmal angesehen hat. Nicht viel anders war es in seinen Wohnungen, in denen sich die großzügig gekauften Teppiche stapelten, genau so zusammengerollt, wie er sie aus dem Geschäft mitgenommen hatte.

Im Juli 1967 trat das Royal Ballet in San Francisco auf. Im Anschluss an eine Vorstellung landeten Nurejew und Fonteyn – die einen langen weißen Nerzmantel trug – nach Mitternacht auf einer Hippie-Party. Sie kannten dort niemanden. Sie hatte es sich gerade erst bequem gemacht, als jemand rief, die Polizei sei im Anmarsch. Natürlich wurden alle festgenommen, aber es dauerte lange, bis man die Partybesucher herausbrachte, um sie abzutransportieren. Als sie morgens um drei Uhr auf die Straße traten, vom Scheinwerferlicht geblendet, war klar, dass die Polizei genau wusste, wer ihnen in die Hände gefallen war. Sie hatten es nicht versäumt, die Presse zu informieren, die vor dem Polizeirevier wartete. Fonteyn, die in Panama bereits Erfahrungen mit Polizeiwachen und Arrestzellen gemacht hatte, beruhigte Nurejew. Erst morgens löste sie Vernon Clarke, der Manager des Royal Ballet, gegen eine Kaution von dreihundertdreißig Dollar aus. Natürlich ließ es sich die Presse nicht nehmen, in allen Einzelheiten über dieses Ereignis zu berichten. Mit dem Ergebnis, dass zur Abendvorstellung massenweise Hippies kamen. Sie wollten die berühmten Neumitglieder der Kommune feiern.

Nach Abschluss der Tournee durch die Vereinigten Staaten flog Nurejew am 6. August 1967 direkt nach Stockholm. Bruhn war Direktor des Königlichen Schwedischen Balletts geworden, und Nurejew sollte den »Nussknacker« inszenieren (dieser »Nussknacker« sollte dann einige Monate später vom Royal Ballet übernommen werden). Die Arbeit mit den Tänzern erwies sich als äußerst schwierig, da das Ensemble in einer sehr schlechten Verfassung war. Nurejew verglich die Arbeit mit dem Versuch, einen undichten Eimer mit Wasser zu füllen. Natürlich arbeitete er auch mit Kindern, die in diesem Ballett mitwirkten. Ihnen gegenüber zeigte er sich außerordentlich verständnisvoll und geduldig. Erst als das Ganze auf der Bühne miteinander verbunden wurde, erinnerte sich eine der jungen Tänzerinnen, entdeckten wir, dass er nicht der war, für den wir ihn gehalten hatten. Er war gegenüber den Tänzern ganz anders als gegenüber den Kindern. Außerdem machten Gerüchte die Runde, er hätte versucht, eine Tänzerin zu erwürgen. Und fertig war der Skandal. Bruhn hielt ein Vorkommnis dieser Art angesichts des apathischen Ensembles für durchaus möglich. Der neue Direktor versicherte den Tänzern, dass alles gut werde, sofern sich Nurejew an das halte, was er am Kirow-Theater gelernt habe. Aber der Weg dorthin war für Bruhn ausgesprochen steinig. Es kam sehr oft zu Missverständnissen. Ich kann nicht bei ihm sein, sagte er, und ich will auch nicht so weiterleben. Die Premiere am 17. November war nicht gerade ein Erfolg. Nurejew hatte zuvor kein gutes Haar am schwedischen Ballett gelassen. Die Rolle der Clara tanzte in Stockholm nicht Gerd Andersson, die Primaballerina des Hauses, sondern Mariane Orlando und Caj Selling, da Andersson kurz vor der Premiere krankheitsbedingt ausfiel. Kein Wunder, dass die Schweden es Nurejew mit gleicher Münze heimzahlten: Sie konnten der Inszenierung nichts Gutes abgewinnen.

Im November kaufte er für fünfundvierzigtausend Pfund – nur auf der Grundlage von Fotografien – eine große Immobilie, Fife Road 6, in einer der exklusivsten Gegenden Londons. Schnell wurde ihm klar, dass das Domizil weitab vom Schuss lag. Das schöne große Haus und die Nähe zum Richmond Park, zum Wald, der ihn an seine Heimat erinnerte, überzeugten ihn jedoch, dort zu bleiben. Im Übrigen nahmen ihn die Vorbereitungen zur Londoner Premiere des »Nussknackers« ganz in Anspruch. Vier Tage vor der Premiere starb sein Vater an Lungenkrebs – zwei Tage nach dessen fünfundsechzigsten Geburtstag. Die Nachricht erreichte Nurejew per Telegramm. Er sprach gelegentlich mit seiner Mutter oder mit seinen Schwestern. Aber nie mit seinem Vater. Die Generalprobe und die Premiere hatten Vorrang vor dem Tod des Vaters. Am 29. Februar tanzten Antoinette Sibley und Anthony Dowell die beiden Hauptrollen. Die Kritiker sprachen von einer Idealbesetzung. Sein »Nussknacker« hat mit sehr gut gefallen, sagte de Valois. Wie viel davon von der Version stammte, die am Kirow-Theater getanzt wurde, das weiß ich nicht. Rudolf sagte immer, es sei eine russische Version. Auf jeden Fall war sie wesentlich interessanter als das, was wir bis dahin gesehen hatten. Der beste »Nussknacker«, den es je in England gegeben hatte.

Nurejew trat im Jahr hundertfünfzig bis zweihundert Mal auf. Jeden zweiten Tag, zeitweise stand er auch täglich auf der Bühne. Ein enormes Pensum! Ich habe ihn nie so glücklich gesehen, sagte Fonteyn, wie damals, als er jeden Abend tanzte. Und überall erhielt er – für einen Tänzer – astronomische Gagen. Sein Name übte auf das Publikum eine magische Anziehungskraft aus. Dazu kam noch seine Arbeit als Choreograph. Außerdem versuchte er sich im modernen Tanz. Er hatte Höhen und Tiefen, Himmel und Hölle, Schönheit und Eitelkeit des klassischen Balletts durchlebt, er war ein Kämpfer, der seine schwere Kindheit und Jugend in Russland hinter sich gelassen hatte. Aber er begann für all dies den Preis zu bezahlen. In der für ihn wichtigsten Währung: mit seinem Tanz. Sein Stil hatte an Perfektion eingebüßt. Die ständigen Reisen, die Arbeit mit verschiedenen Ballettlehrern, all dies beeinträchtigte die sonst so vollendete Reinheit seiner Figuren. Nurejew-Kenner behaupten, dass dies im zeitlichen Zusammenhang mit der Trennung von Bruhn – seinem tänzerischen Ideal in puncto Reinheit und Perfektion – gestanden habe. Andererseits ist Tanz nicht nur eine schöne Linie, ein außergewöhnlicher Gleichgewichtssinn oder eine erotische Ausstrahlung, sondern auch eine ästhetische Form, um menschlichen Instinkten, Wünschen und Reaktionen Ausdruck zu verleihen. Also das, was Isadora Duncan machte, für die der Tanz ein Mittel zur intensiven emotionalen Kommunikation war. Und dies wollte auch Nurejew. Eine Kombination aus klassischem und zeitgenössischem Tanz. Wie bei Rudi van Dantzig, der sich selbst als Bastard des klassischen und des zeitgenössischen Tanzes bezeichnete. Der zudem mit dem Niederländischen Nationalballett arbeitete, das – neben dem New York City Ballet – die meisten Balanchine-Ballette im Repertoire hatte. Und das interessierte Nurejew sehr. Kurz nach der ersten Begegnung mit van Dantzig flog Nurejew nach Amsterdam, wo Rudi ihn am Flughafen erwartete. Er wollte ihn ins Hotel bringen. Nurejew reagierte empört. Nicht ins Hotel, sondern in den Ballettsaal – und sofort mit der Arbeit beginnen!

Im Ballettsaal hörte Nurejew zum ersten Mal die elektronische Musikkomposition »Denkmal für einen toten Jungen« von Jan Boerman. Was für ein Lärm, sagte er, interessant. Er sollte im Takt gehen ... Nurejew konnte nicht eine Bewegung natürlich und leicht ausführen. Er bewegte sich mit einem derartigen Kraftaufwand, sagte van Dantzig, als wollte er hinter jede Figur ein Ausrufezeichen setzen. Es war vor allem körperlich ungeheuer anstrengend für ihn. Aber er wollte weiterproben. Auch am Abend. Sie arbeiteten jetzt ausschließlich an seinen Soloparts. Auch seine Partnerin, die achtzehnjährige Yvonne Vendrig, eine extrem ausdrucksstarke Tänzerin, war anwesend. Natürlich bewunderte sie ihren berühmten Kollegen, hatte ihm gegenüber aber keine Komplexe, trotz aller Zusammenstöße, Unfälle und Flüche. Der Choreograph erklärte ihm, worum es in dem Ballett geht, dass die jungen Leute Feuer und Flamme füreinander sind, Grenzen austesten wollen, der Junge dann aber einen Rückzieher macht, das Mädchen dagegen drängt und drängt ... Eine Nutte, flüsterte Nurejew. Am Ende der Probe saß Vendrig weinend in der Ecke, während Nurejew mit sich und der Welt zufrieden in die Garderobe ging. Van Dantzig hoffte, ihn dort nicht mehr anzutreffen, es war nur zu offensichtlich, dass das Ganze nichts für ihn war. Pustekuchen! Worum geht es in dem Ballett wirklich, fragte Nurejew. Er liebt Jungen, nicht wahr? Eben nicht, antwortete van Dantzig. Er weiß es selbst nicht und ist in seinen Träumereien gefangen. Aha, antwortete Nurejew, also ein dummer Bengel.

Am 25. Dezember 1968 fand die Premiere statt. Nurejew bestand darauf, auch den Pas de deux aus dem »Nussknacker« zu tanzen, weil dies das Publikum von ihm erwarte. Auch wenn bei Nurejew in seiner ersten modernen Rolle nicht alles optimal lief, hinterließ die Aufführung dennoch großen Eindruck. Auch auf Nurejew. Ein Jahr später schuf Rudi van Dantzig im Auftrag des Royal Ballet eigens für Nurejew das Ballett »Die schleichende Zeit« – nach einem Zitat aus einem Gedicht von Hans Lodeizen. Das Ballett sollte, so van Dantzig, Nurejew bewusst machen, dass alles ein Ende hat. Als Rudolf schon fast eine halbe Stunde auf der Bühne war, erschienen zwei junge Solisten (David Ashmole und Graham Fletcher), die ihn mit ihrer Technik übertrumpften. Rudi van Dantzigs Absicht war es, zu zeigen, wie ein Star nach und nach aufgibt, immer der Beste sein zu wollen. Aber aufgeben kam für ihn nie in Frage. Er hatte immer um alles gekämpft. Und obwohl das Publikum das Ballett mit Ovationen bedachte und Nurejew mit Narzissen überhäufte, verrissen die englischen und später auch die amerikanischen Kritiker sowohl die Choreographie als auch Nurejews Auftritt.

Nurejew wollte nie in einem Film auftreten. Er glaubte, dass er sich dadurch noch mehr dem Royal Ballet entfremden würde. Er wollte mit dem Ensemble eine Einheit bilden. Luchino Visconti organisierte zu Ehren Nurejews einen Empfang im Londoner Savoy Hotel. Er plante, das Leben von Vaslav Nijinsky zu verfilmen, und Nurejew sollte natürlich die Hauptrolle spielen. Nach zehn Minuten stand Nurejew vom Tisch auf und ging. Wobei er es nicht versäumte, dem französischen Schauspieler Jean-Claude Brialy vorher noch einen Zettel zuzustecken, auf dem stand: »Ich warte auf dich ...« und seine Telefonnummer. Natürlich ging es um Sex – und er bekam, was er wollte. Ein ähnliches Projekt schlug ihm später Ken Russell vor, der von Nurejew zudem forderte, seine alljährlichen Auftritte in New York abzusagen und überhaupt alle anderen Verpflichtungen dem Film zu opfern. Nurejew hatte seinen Film über Isadora Duncan gesehen und war der Ansicht, der Regisseur sei ihr gegenüber nicht besonders fair gewesen. Was würde er also aus Nijinsky machen? Aber auch aus diesem Projekt wurde nichts. Schließlich erschien Tony Richardson. Er hatte 1964 für »Tom Jones« den Oscar bekommen. Sie fanden schnell eine gemeinsame Sprache. Nijinskys Wahnsinn war eine Folge seiner Affäre mit Djagilew. Der Film war der erste Versuch, eine Liebe zwischen zwei Männern auf die Leinwand zu bringen. Und das erwies sich als ein Problem. Denn plötzlich stieg der Produzent aus, offiziell aus Geldgründen, obwohl bereits eine Million Dollar in das Projekt investiert wurden. Hollywood war offensichtlich noch nicht bereit, derart offen die Geschichte einer Männerliebe zu erzählen.

Am 20. März 1970 starb Alexander Puschkin in Leningrad auf seinem Spaziergang über die Fontanka-Brücke zur Kreuzung »Die fünf Ecken«. Ein tödlicher Herzinfarkt. Das Schreckliche war, dass er lange im Regen auf der Straße gelegen hatte ... Die Nachricht überbrachte Nurejews persönlicher Assistent, der Australier Roger Myers. Was? Wann? Wo?, schrie Nurejew ungläubig. Später weinte er herzzerreißend. Als er das Telegramm mit der Nachricht vom Tod seines Vaters erhalten hatte, hatte er nicht eine einzige Träne vergossen.

Er hatte zwar Wallace Potts bereits zwei Jahre früher kennengelernt, aber erst jetzt fiel auf, dass Potts in Nurejews Leben eine wichtige Rolle spielte. Und vor allem, dass Nurejew sich durch ihn oder für ihn änderte. Er war ihm in Atlanta begegnet. Ein hübscher, muskulöser Mann. Potts hatte gerade sein Physikstudium abgeschlossen, doch er interessierte sich mehr für Theater und Film. Als ich anfing, mit Hippies zu verkehren, erinnerte er sich, habe ich andere Aspekte von mir entdeckt. Zum Beispiel, dass ich homosexuell bin, oder halb homosexuell, wie es ein Freund von mir nannte. Ich war weiterhin mit Frauen zusammen. Als sie sich das erste Mal begegneten, brachte Nurejew gerade einmal ein Hallo heraus, schon waren sie in der Kiste. Und so blieb es. Potts studierte später Film an der University of Southern California. Nurejew bat ihn immer häufiger, zu ihm zu kommen – mal hierhin, mal dorthin. In Nurejews Garderobe hingen oft die Zelluloidstreifen, die sein Geliebter gerade montierte. Er lud ihn auch für ein paar Monate nach Europa ein. Nurejew schien sich in seiner Gesellschaft zu beruhigen. Er hatte so etwas wie einen Ersatz für eine feste Beziehung, etwas Familienähnliches, eine Art Zuhause. Manchmal benahmen sie sich wie kleine Kinder. Der größere und stärkere Potts nahm Nurejew huckepack und galoppierte mit ihm durch die Zimmer. Sie hatten die gleichen Interessen, der eine zeigte dem anderen seine Welt. Nach der Aufführung stand Nurejew stets »unter Strom«, aber Potts wusste, wie man den Stecker zog. Unser Sex, erinnerte er sich, war zur Hälfte mechanisch, war für ihn reine Entspannung, aber er trennte ihn sehr klar von all den Gefühlen und Zärtlichkeiten oder der romantischen Liebe. Danach las er noch, und ich kuschelte mich an ihn, bis wir einschliefen. Er nannte mich Bububär, das klang einfach schön. Damals, im Sommer 1970, war Nurejew tatsächlich glücklich. Wahrscheinlich zum ersten Mal in seinem Leben erlebte er ungetrübtes Glück. Er kam zur Ruhe. Wurde ein anderer Mensch, milder, heiterer. Freundlich zu seiner Umgebung.

Damals kam auch das Ballettensemble des Kirow-Theaters nach London und gastierte sechs Wochen in der Royal Festival Hall. Die Leningrader zeigten »Giselle« und Programme, in denen sich die damaligen Stars präsentierten, insbesondere der zweiundzwanzigjährige Michail Baryschnikow. Auch er ein Schüler von Alexander Puschkin. Er hat sehr oft über die Arbeit mit Rudolf gesprochen, erinnerte sich Baryschnikow, aber nie über den Menschen Nurejew. Fonteyn und Nurejew besuchten zahlreiche Vorstellungen des Kirow-Theaters. Der KGB hatte aus früheren Erfahrungen gelernt, Baryschnikow wurde von vier Mann nonstop bewacht. Trotzdem gelang es ihm, seine Aufpasser zu überlisten und sich mit Hilfe eines gemeinsamen Freundes im Londoner Haus von Nurejew zu treffen. Nurejew spielte die Rolle des großen Herrn, während der junge Baryschnikow alles mit großen Augen bestaunte. Rudolf führte ihn durch die Villa. Michail war überrascht über die bescheidene Anzahl an Möbeln, die fehlenden Bilder an den Wänden und die Bücherstapel auf dem Boden. Es war eine interessante Leere, erzählte Baryschnikow, so als lebte hier niemand, trotzdem war das Haus ein Spiegelbild seines Bewohners. Man war sich schnell sympathisch und begann sich zu unterhalten – natürlich vor allem über den Tanz –, als würde man sich schon ewig kennen. Baryschnikow hatte am Abend eine Vorstellung, er verabschiedete sich also relativ früh. Nurejew schenkte ihm zum Andenken einen Bildband mit Zeichnungen von Michelangelo und ein Halstuch, während Baryschnikow ihm aus Leningrad ein Buch schickte – in der Widmung hieß es, er müsse oft an ihr Treffen denken. Die Auftritte des Kirow-Theaters endeten für Nurejew mit einem ärgerlichen Vorfall. Tags zuvor, am 4. September, hatte Natalja Makarowa sich entschieden, im Westen zu bleiben. Verdammt, schrie Nurejew, alle werden denken, dass ich etwas damit zu tun habe! Er wusste, dass damit die Möglichkeit, Russland zu besuchen und seine Familie zu sehen, in noch weitere Ferne rückte.

Kurze Zeit später steckte er bereits mitten in den Proben zu Jerome Robbins Ballett »Dances at a Gathering«. Alle rechneten mit einem

Skandal, einem Vulkanausbruch. Nurejews Temperament war weithin bekannt und Robbins nicht weniger aufbrausend. Aber Fehlanzeige. Die beiden Herren gingen überaus zivilisiert miteinander um. Nurejew lernte brav alle Rollen, wie es bei Robbins Usus war. Erst zwei Tage vor der Premiere gab der Choreograph bekannt, wer was tanzte. Auch das akzeptierte Nurejew ohne Murren. Potts' Einfluss war deutlich zu erkennen – denn glückliche Menschen haben keinen Grund, Feuer zu speien. Nie war Nurejew besser in einer zeitgenössischen Choreographie – darin sind sich alle einig. »Und außerdem«, stellte »Dancing Times« fest, »passte er sich an die anderen an und bewirkte zugleich, dass die ihn begleitenden Tänzer viel besser waren als sonst.« Damals gelang Nurejew das, was er sich so sehr gewünscht hatte, er wurde zu einem von ihnen, zu einem Ensemblemitglied des Royal Ballet. Alle waren auf dem gleichen Niveau und bildeten eine wundervolle Einheit. Es war der 20. Oktober 1970. Gleich nach der Premiere schrieb Robbins Nurejew: »Du hast alles erreicht, worum ich Dich gebeten habe – ja noch mehr. Du hast verstanden, was Dein Platz in diesem Ballett ist, und deine Rolle mit Bravour getanzt! Deine Bescheidenheit und Deine Freude, die während der Vorstellung deutlich zu sehen waren, sind die Bestätigung für die unglaubliche und von allen anerkannte Arbeit, die Du geleistet hast, für mich, für dieses Ballett, vor allem aber für Dich selbst.«

Nach London und Robbins folgten Brüssel und Maurice Béjart, der zu Gustav Mahlers »Lieder eines fahrenden Gesellen« einen Pas de deux für Nurejew und Paolo Bertoluzzi schuf. Und erneut verhielt sich Nurejew anders als sonst. Sein Schweigen half mir, erzählte Béjart, tiefer in die Struktur des Balletts einzudringen, als ich es ursprünglich geplant hatte. Bei der Premiere am 11. März 1971 gab es nach dem zwanzigminütigen Ballett im riesigen Konzertsaal des Forest National mit seinen fast sechstausend Sitzplätzen einen derartigen Lärm aus Schreien, Pfiffen und Applaus, dass selbst Nurejew überrascht war. Er, der Gefühlsausbrüche, wie man sie in Ballettsälen bisher nicht gekannt hatte, gewohnt war, stand nun staunend neben Bertoluzzi. Beide konnten es nicht fassen. Und das Publikum, sagte Nurejew in einem

Interview, schrie und tobte, die Begeisterung wollte kein Ende nehmen. Er hatte Béjart gebeten, ein Ballett zu kreieren, das er überallhin mitnehmen könne. Und tatsächlich tanzte er es auf der ganzen Welt mit unterschiedlichen Partnern. War in der Jugend der Part des Albert aus »Giselle« seine Paraderolle, so waren die »Lieder eines fahrenden Gesellen« sein Markenzeichen in späteren Jahren.

Während Nurejews einmonatigem Aufenthalt in Brüssel war Potts stets an seiner Seite. Vier Monate zuvor hatte der seinen Eltern geschrieben: »Das Filmemachen gefällt mir sehr und macht mir großen Spaß, aber ich sehne mich nach Rudolf: Ich liebe ihn, und ich denke, er liebt mich auch ... Ich weiß jetzt, dass ich in Rudolfs Gesellschaft arbeiten und funktionieren kann, im Sommer war ich mir dessen noch nicht so sicher.« Potts überzeugte Nurejew, wie nützlich Aufnahmen von den Auftritten und deren spätere Analyse sein könnten. Sie fuhren zusammen nach Buenos Aires, wo Nurejew den »Nussknacker« inszenierte – Potts, ausgerüstet mit einer neuen Kamera, die er in Brüssel gekauft hatte, sollte die Aufführung filmen. Potts wollte eher mit Großaufnahmen arbeiten, während Nurejew darauf bestand, dass immer das ganze Ensemble zu sehen war. Mit dem Ergebnis, dass auf dem Film aufgrund der schlechten Beleuchtung nicht viel zu sehen war. Dies war eine Zeit, in der Potts sich seiner Gefühle nicht mehr so sicher war wie noch Monate zuvor in seinem Brief an die Eltern. Er versteckte sich in einer billigen Pension, um über alles nachzudenken. Nach einigen Tagen fand ihn Nurejew. Sie sprachen nicht über das Vorgefallene. Nurejew war mit seinen Gedanken woanders. Er hatte endlich das Angebot erhalten – nachdem er jahrelang Anfragen an die entsprechenden Ensembles verschickt hatte –, in Balanchines »Apollo« zu tanzen. Seit seiner Flucht in den Westen war es sein größter Traum gewesen, mit dem New York City Ballet und natürlich mit George Balanchine zu arbeiten. Für mich, betonte er stets, gibt es keinen größeren Choreographen als Balanchine, er ist nicht wegzudenken aus dem Ballett des zwanzigsten Jahrhunderts. Man könnte viele Choreographen übergehen, aber nicht ihn. Ich kam nach New York, um in einer Gala aufzutreten, die von einem Fernsehsender organisiert wurde. Balanchine sah die Aufführung, ich fragte ihn, ob ich mit seinem Ensemble tanzen dürfe. Woraufhin er antwortete, seine Choreographien seien nicht vergleichbar mit »Giselle«, keine monumentalen Ballette oder großen Pas de deux. Zieh weiter, tanze, überwinde die Prinzen und komm dann wieder hierher. Und jetzt bot sich die Gelegenheit! Potts musste das unbedingt filmen. Später tanzte Nurejew an verschiedenen Orten in Balanchines Ballett, auch mit dem Royal Ballet in London. Und überall heimste er Lob ein. Ich erinnere mich, sagte Rudi van Dantzig, dass er anders war als der traditionelle Apollo, mehr wie ein Faun. Er wollte diese Grenze durchbrechen, und das gelang ihm auch. Es war sehr berührend.

Sie begannen erst 1979 zusammenzuarbeiten. Balanchine hatte einen interessanten Arbeitsstil, erinnerte sich Nurejew. Während der Probe bat er den Pianisten, ihm einen bestimmten Abschnitt vorzuspielen. Er erkundigte sich nach dem Tempo. Der Pianist spielte, und er kontrollierte. Dann ging er in sein Zimmer, um sich die Plattenaufnahme anzuhören. Er kehrte zurück und gab dem Pianisten gleich einem Dirigenten den Takt an. Später fragte er nach dem letzten großen Höhepunkt im Werk. Der Pianist spielte, während er sich überlegte, welche Bedeutung sich wohl hinter diesem »Tamtam« verbarg. Dann begann er, mit den Tänzern zu arbeiten. Und dieser vorletzte Punkt? »Bumbum.« Was kann das bedeuten? Er hat sich neue Bewegungen ausgedacht, etwas auf dem Boden. Und so weiter. Er arbeitete zunächst an den Höhepunkten der Partitur, ausgehend vom Ende. Hatte er das, sagte er, nun könne man mit der Choreographie beginnen. Wir fingen also mit den ersten Takten an und arbeiteten uns langsam zum Ende vor, wobei wir alles berücksichtigten, was er vorher schon festgelegt hatte. Wenn er mit der Choreographie eines Balletts begann, wusste er bereits, wie der Schluss aussehen wird. Ich fand das faszinierend, und ich bin glücklich, dass ich mit ihm arbeiten und das miterleben durfte.

Alle Freunde und Bekannte, die nach Russland fuhren, mussten Geschenke oder Geld für seine Familie mitnehmen. Vor allem für seine Mutter, die zu ihren Töchtern nach Leningrad gezogen war. Ich war in Zürich bei den Proben zu »Raymonda«, die er zusammen mit Marika Besobrasova leitete, erinnerte sich Christa Himmelbauer. Wenig später sollten wir mit dem Stuttgarter Ballettensemble, in dem ich damals schon tanzte, zu einer Tournee in die Sowjetunion fahren. Rudolf schickte mich also mit Marika in die Stadt, um einen Pelzmantel für seine Mutter zu kaufen. Natürlich gingen wir zum besten Geschäft, schließlich sollte es ein Geschenk für Rudolfs Mutter sein. Als Rudolf den Pelz sah, war er irritiert, seine Mutter sei doch keine Großfürstin wie Marika, sie solle nicht aus der Masse herausstechen. Wir kauften damals auch für seine Schwestern diverse Sachen. Und da Marika mit uns nach Russland fuhr, nahmen wir beide zusammen das Zeug mit. Marika rief vom Hotel aus Rudolfs Schwester an, um einen Termin für die Geschenkübergabe zu vereinbaren. Das Treffen sollte in einem Park stattfinden. Marika nahm einen Tänzer mit, der den schweren Koffer schleppen sollte. Ich war nicht dabei, aber Marika hat es mir später erzählt. Sie gingen in den Park – es war mitten im Winter – und bemerkten eine Frau, die auf sie zukam. Marika erkannte sie, Rudolf hatte ihr Fotos von seinen Schwestern gezeigt. Die Frau flüsterte im Vorbeigehen, sie sollten weitergehen, man werde beobachtet. Nach einiger Zeit verloren sie die Frau aus den Augen, also nahmen sie ein Taxi und fuhren zurück zum Hotel. An der ersten roten Ampel, an der sie anhalten mussten, stoppte neben ihnen ein Auto, die Wagentür wurde aufgerissen und Rudolfs Schwester rief, sie sollten ihr schnell den Koffer reichen. Sie verstaute ihn im Wagen und fuhr davon.

Nurejew hatte nur sporadisch die Möglichkeit, mit seiner Familie zu telefonieren. Die Gespräche waren stets Grund zur Freude und zum Weinen. Und endeten mit tiefer Traurigkeit, weil sie dort waren und er hier. Und daran absolut nichts zu ändern war. Nurejew fühlte sich permanent einsam, obwohl er von Menschen umgeben war. Es fehlte ihm seine Familie. Auch die engsten Freunde konnten ihm die familiäre Bande nicht ersetzen. Manche Homosexuelle haben zudem eine starke und besondere Beziehung zu ihrer Mutter. Deshalb fühlte er sich nicht nur einsam, er war es auch. So sehr, dass er Selbstmordgedanken hatte. Oft. Und mehrmals war er nur einen Schritt davon entfernt. Das gemeinsame Leben mit Potts erinnerte an eine Art Ehe und sorgte für Stabilität. Das hieß aber nicht, dass Nurejew seinem Partner treu

Bühnenprobe mit Paolo Bertoluzzi, »Lieder eines fahrenden Gesellen«, Wien 1977

Bühnenprobe »Le Corsaire«, Wien 1977

Mit Alexandra Radius in »Adagio Hammerklavier«, Wien 1977

Mit Ursula Szameit in »Apollo«, Wien 1977

war. Auch Potts erlag gelegentlich der Versuchung. Wenn ich Sex wollte, erzählte Nurejew, flog ich von London nach Paris. O Gott, war das wundervoll! Die Engländer waren prüde und reserviert, aber in Paris ... Nurejews Freunde – und auch Potts – wussten, dass er die Schwulenclubs in der Rue Sainte-Anne besuchte und die sexuelle Freiheit in vollen Zügen genoss. Es galt weiterhin die Regel, egal wo und mit wem, Hauptsache er hatte Sex. Potts brachte es auf den Punkt, als er sagte: Nurejew musste immer alles schnell bekommen und griff mit vollen Händen zu, weil ihm so wenig Zeit auf Erden beschieden war.

In Zürich choreographierte er »Raymonda«, ein Ballett für eine Ballerina, die auf die Rückkehr ihres Geliebten von einem Feldzug wartet. Für die Hauptrolle engagierte er die Stuttgarter Primaballerina Marcia Haydée, mit der er vorher schon getanzt hatte. Sie war dafür bekannt, dass sie, ähnlich wie Nurejew, keine Angst vor harter Arbeit hatte. Haydée musste immer wieder, nahezu endlos, bestimmte Passagen wiederholen. Wie eine Schallplatte, die einen Sprung hat. Denn die Tänzerin der Hauptrolle, sagte Nurejew, belebt als einzige dieses Ballett und gibt ihm Glanz. Die Art und Weise, wie sie ihren Schritten Gewicht verleiht, wie sie in einer Pose verharrt, die Intensität der Bewegungen, aber auch der Pausen, all das hat seine Bedeutung. Potts filmte das Ganze, diesmal war das Ergebnis seiner Arbeit zufriedenstellend. Auch Abgesandte des Royal Ballet besuchten die Vorstellung, denn Fonteyn wäre allzu gerne bei den nächsten Gastspielen in New York in dieser Rolle aufgetreten. Aber den Herren aus London gefiel »Raymonda« nicht, weil das Ballett – wie sie meinten – nicht besser war als die beiden vorangegangenen Versuche von Nurejew. Deshalb wurde auf einer Sitzung am 15. Februar 1972 einstimmig beschlossen, »Raymonda« nicht ins Repertoire des Royal Ballet aufzunehmen.

Nurejew ging für ein halbes Jahr nach Nordamerika, um mit dem National Ballet of Canada eine neue Inszenierung von »Dornröschen« einzustudieren und durch die Vereinigten Staaten zu touren. Sol Hurok weigerte sich, eine Tournee ohne Nurejew zu organisieren. Denn nur sein Name garantierte, dass die Tickets im Nu verkauft waren. Die Direktion des kanadischen Ensembles hatte anfangs darauf bestanden, dass man Nurejew ausschließlich als Choreographen, nicht als Tänzer wolle. Sie musste ihre Meinung ändern. Die Arbeit verlief phantastisch. Wir hatten das Gefühl, als wären wir in den Beutel eines Kängurus gesprungen, erinnerte sich Frank Augustyn, ein damals achtzehnjähriger Tänzer. Rudolf wusste genau, was er wollte, und führte uns an der Hand diesem Ziel entgegen. Es geschah etwas, was wir nie geahnt hätten, aber wir wussten, dass daraus etwas Außergewöhnliches wird. Er trainierte tagsüber mit allen und arbeitete anschließend bis in die Nacht hinein noch individuell mit uns. Er zeigte nicht, sondern inspirierte und initiierte. Versuch bitte, sagte er, den Impuls der Bewegung zu finden, er gibt dir den Anfang, und dann wird es interessant. Oder: Die Menschen kommen ins Theater, um Künstler zu sehen, die besessen sind von dem, was sie tun. Oder: Tanz mutig und mit vollem Engagement, unterdrück nichts, denn Lampenfieber ist uninteressant. Während die Arbeit im Ballettsaal harmonisch verlief, fand der Kontakt zur Direktion nur über Dritte statt. Zum Schluss stellte sich jedoch heraus, dass Nurejew Recht gehabt hatte. Was für ein Erfolg! Kurz nach der Premiere wurde »Dornröschen« im Fernsehen gezeigt und sogar mit einem Emmy ausgezeichnet. Weltweit sahen dreiunddreißig Millionen Menschen das Ballett. Kein Wunder, dass Nurejew Lust bekam, den »Don Quichotte« selbst auf Film zu bannen. Was er dann auch tat. 1972 debütierte er als Filmregisseur. In Melbourne zeichnete er den »Don Quichotte« mit dem Australian Ballet in seiner eigenen Choreographie auf. Er war zugleich Regisseur, Choreograph und Tänzer. Das war seine Welt, in der er sich in seinem Element fühlte. Er war für alles verantwortlich und kam damit glänzend zurecht. Als hätte er nie etwas anderes gemacht. Ich war überrascht, erzählte Potts, dass es keine Toten gab. Der Dreh verlief extrem chaotisch – ein Alptraum. Niemand hatte bis dahin einen Kinofilm in drei Wochen gedreht. Nurejew gelang das Unmögliche. Jede Aufnahme, sagte er, jede Sekunde dieses Films ist von mir, bin ich. Da ihm die Art und Weise, wie »Dornröschen« gefilmt und montiert worden war, missfiel, holte er ein Team australischer Filmeditoren nach London, um bei sich zu Hause einzelne Szenen neu zusammenzusetzen.

Eigentlich wäre das ein Job für Potts gewesen, er hatte eine Ausbildung in dieser Richtung. Aber Nurejew verzichtete vollständig auf seine Mitarbeit. Ohne Rudolf etwas zu sagen, fuhr Potts nach Los Angeles. In seinem Abschiedsbrief schrieb er: »Ich bin unzufrieden mit dem, was ich in der letzten Zeit gemacht habe.« Die Freunde, die am Abend die Vorstellung besuchten und Nurejews Solo aus »Le Corsaire« sahen, sagten, es würde seinen Auftritten gut bekommen, wenn sein Liebhaber ihn häufiger verließe. Nurejew sagte später selbst – quasi als Kommentar zur Trennung von Potts –, er werde jetzt noch intensiver und besser tanzen. Das war alles. (Ein wenig bezog sich dies auch auf Erik Bruhn, der damals seinen Abschied von der Bühne nahm.) Einige Monate später, während der Amerikatournee, begegneten sie sich wieder. Potts hatte begonnen, Pornofilme zu drehen, auch animierte Pornos, was Nurejew überhaupt nicht gefiel. Dennoch verbrachten sie den Rest der Tournee zusammen.

Im Juli 1973 tanzte er mehrere Aufführungen von »Schwanensee« in Paris, unter anderen mit Natalja Makarowa, was natürlich von der internationalen Presse registriert wurde. Mit »Fuckarowa« – wie er sie anzüglich nannte und sich dann vor Lachen nicht mehr einkriegte – hatte er bereits in London in »Dornröschen« und »Romeo und Julia« getanzt. Die Rolle der Odette/Odile in ihrer Ausführung galt allerdings als eine der besten Interpretationen ihrer Zeit. Sie war eine typisch russische Tänzerin, eine »Adagio-Ballerina«, deren Bewegungen zu langen fließenden Linien verschmolzen. Für Nurejew waren solche Tempi inakzeptabel. Es kam zu heftigen Konflikten. Die Aufführungen fanden im Innenhof des Louvre statt, im regnerischsten und kältesten Juli seit undenklichen Zeiten. Die Tänzer wollten nicht auftreten, aber Nurejew wärmte sich, vom Wetter unbeeindruckt, auf der regennassen Bühne auf, weshalb ihnen nichts anderes übrigblieb, als sich ihm anzuschließen. Im dritten Akt führte Makarowa eine Figur nach Nurejews Geschmack etwas zu spät aus, also fing er sie nicht auf. Sie fiel rücklings hin und schlug mit dem Hinterkopf auf dem Boden auf. Sie rappelte sich schnell wieder auf und tanzte den Akt zu Ende. Um dann zu erklären, dass sie an diesem Tag nicht mehr auftreten werde, weil es nass und kalt sei. Nurejew, der erst im letzten Akt Gelegenheit gehabt hätte, sein ganzes Können zu zeigen, war wütend. Die Vorstellung wurde abgebrochen. Makarowa tanzte nur drei der geplanten sechs Aufführungen und flog dann nach Kanada. In der Presse verkündete sie, dass sie mit diesem Menschen nie wieder tanzen werde.

1974 bot das Royal Ballet Nurejew den Posten des Direktors an. Allerdings war dies an die Bedingung geknüpft, dass er die Zahl seiner Auftritte erheblich reduzierte. Für Nurejew kam das nicht in Frage, da er davon überzeugt war, die besten Jahre noch vor sich zu haben, und glaubte, je mehr er tanze, desto besser werde er. Außerdem hatte er Angst, die Verantwortung für ein so großes Ensemble zu übernehmen. Es brachte ihn aber auf eine Idee. Schließlich könnte er doch im Kleinen etwas Ähnliches auf die Beine stellen ... Also rief er das Programm »Nurejew & Friends« ins Leben. (Ninette de Valois hielt das für vulgären Egoismus, Nurejew sei nicht nur ein verrückter Tänzer, sondern auch verrückt nach Geld.) Nurejew lud Berufskollegen zu gemeinsamen Auftritten ein. Der erste fand in Paris statt, wo man Werke von Choreographen zeigte, die in Frankreich noch wenig bekannt waren: Balanchine, Bournonville, José Limón und Paul Taylor. Fragmente aus Nurejews Lieblingsrepertoire. Die Gala war ein Riesenerfolg. Weniger erfolgreich waren dagegen seine Bemühungen auf einem anderen Feld. Charles Jude, ein Tänzer vietnamesischer Herkunft aus dem Corps de Ballet der Pariser Oper, war ihm ins Auge gefallen. Nurejew lud ihn in die besten Restaurants von Paris ein, machte ihn mit seinen Freunden bekannt, erklärte ihm, sie seien Schicksalsgenossen, beide ihrer Heimat beraubt ... Doch es half alles nichts. Jude blieb ein unreformierbarer Hetero. Aber Jacques Loyau organisierte ihm eine ausreichende Zahl asiatisch aussehender Jungen, die – bei entsprechender Bezahlung – keinerlei Hemmungen kannten.

Während eines Gastauftritts in Mailand erreichte Nurejew die Nachricht, Michail Baryschnikow habe am 29. Juni 1974 in Toronto um Asyl gebeten. Nurejew zeigte sich nicht allzu überrascht, er behauptete, es habe bereits früher Gerüchte gegeben, Baryschnikow beabsichtige, bei nächstbester Gelegenheit im Westen zu bleiben. Kurz darauf telefonierten die beiden miteinander. Man vereinbarte, sich in New York zu treffen, wo Nurejew mit dem National Ballet of Canada an der Metropolitan Opera auftreten und Baryschnikow – der damals noch nichts davon wusste – nebenan am New York State Theater sein Amerikadebüt geben sollte. Alle waren überrascht, mit welcher Herzlichkeit sich Nurejew um Baryschnikow kümmerte, der trotz allem auch sein Konkurrent war. Er wollte ihn vor den Fehlern bewahren, die er in seiner Situation begangen hatte. Er riet mir, erinnerte sich Baryschnikow, nicht zu schnell meine Autobiographie zu schreiben, nannte mir die besten Tanzpädagogen und empfahl, sich fest an ein Ensemble zu binden, statt ständig zu wechseln, wie er es selbst damals getan habe.

Exakt am 27. Juli 1974 begann ein neues Kapitel in der Geschichte des Balletts im Westen. In New York tanzten Natalja Makarowa und der debütierende Michail Baryschnikow in »Giselle«, während Rudolf Nurejew nur einen Steinwurf entfernt in »Dornröschen« auftrat. Als Nurejew im zweiten Akt die Bühne betrat – im ersten tanzt Prinz Désiré nicht –, kam er nicht umhin zu bemerken, dass die ersten Reihen im Parkett und die Logen halbleer waren. Dort saßen gewöhnlich seine treuesten Fans. Nach der Vorstellung warteten alle am Künstlereingang auf ihn. Sie machten Platz, um ihn durchzulassen. Normalerweise ging Nurejew wortlos an ihnen vorbei, an diesem Abend aber blieb er stehen und sagte: Es ist jemand Neues in der Stadt, nicht wahr? Stürmischer Applaus setzte ein. Nurejew wartete, bis der Beifall abebbte, dann fügte er hinzu: Ich glaube es euch, ich glaube es! Einige Zeit später schrieb Arlene Croce, eine der wichtigsten Ballettkritikerinnen der USA, im »New Yorker«, Baryschnikow sei der größte Tänzer, der seit 1911 – als Nijinsky seinen Hinauswurf aus dem Zarenballett provozierte – Russland den Rücken gekehrt habe. Nurejew wurde nicht einmal erwähnt. Auch musste er gelesen haben, dass der »Schattenakt« in »La Bayadère« für das American Ballet Theatre in der Choreographie von Makarowa ein Wunder sei. Das tat weh. Er wusste, dass Baryschnikow nicht mehr viel Gutes über seine Technik sagen konnte. Nach Nurejews Tod gestand Baryschnikow, dass bei ihm alles auf den Showeffekt bedacht gewesen sei. Nurejew hingegen äußerte sich, auf Baryschnikows

Technik angesprochen, wie folgt: Sehr gut, aber es fehlt an Esprit, an Seele, an mitreißenden Gefühlen.

Am 19. Juni 1975 saßen im Premierenpublikum unter anderem Woody Allen und Betty Ford, die für ihre Eintrittskarten mehrere tausend Dollar hingeblättert hatten. Sie wollten Nurejew sehen, der in Martha Grahams Choreographie »Lucifer« tanzte. Nach dem Ende ihrer Karriere verfiel Graham dem Alkoholismus – eine Sucht, die fast tödlich endete. Nun – unter anderem mit dieser Choreographie – kehrte sie zurück, als Künstlerin und als Mensch. Sie wollte die eigene Tanztechnik mit der Technik des klassischen Tanzes verbinden, ja sie erwog sogar mit ihrem Ensemble, in klassischen Balletten aufzutreten. Was hätte ihrem Comeback mehr Glanz verleihen können als die Namen Nurejew und Fonteyn. Zumal seine Blöße nur von Juwelen bedeckt wurde. Ein goldenes Suspensorium mit aufgenähten Edelsteinen. Am Anfang des Balletts stand er im Licht der Scheinwerfer, und alle – Frauen und Männer gleichermaßen – waren geblendet. Selbst die Choreographie, die sich kaum von Grahams vorhergehenden Werken unterschied, wurde zur Nebensächlichkeit. Während die Aufführung insgesamt, einschließlich Fonteyns Auftritt, bei der Kritik schlecht wegkam, ernteten Nurejews tänzerische Darbietungen Anerkennung. Gegen Ende seiner Karriere konnte er sich rühmen, alle wichtigen männlichen Rollen in Grahams Balletten getanzt zu haben.

Damals ließ sich Potts in New York das erste Mal überreden, mit Nurejew eine Schwulensauna zu besuchen, in der regelrechte Sexorgien stattfanden – Rudolf war dort Stammgast. Jeder mit jedem, viele mit einem. Hier fühlte sich Nurejew in seinem Element. Das war seine Welt, sein Lebenselexier. Potts begann ähnliche Vergnügungsstätten zu frequentieren und infizierte sich schon bald mit Hepatitis. (Die Mitglieder des Royal Ballet, die sich zur selben Zeit in New York aufhielten, wurden gegen diese gefährliche Krankheit geimpft.) Im August waren Nurejew und Potts wie jedes Jahr an der Côte d'Azur, wo es zur endgültigen Trennung kam. Mit ein Grund waren die sexuellen Probleme, denn trotz erfolgreicher Behandlung war Potts Träger des Virus, weshalb sie keinen Sex hatten. Beziehungsweise hatten sie nicht den Sex, der

Nurejew zufriedengestellt hätte. Außerdem erwischte Potts auf einer Party seinen Freund mit einem anderen Mann im Bett. Potts warf ihn durch das Wohnzimmer und zertrümmerte mit seinem Körper die Bar. Zum Glück passierte Nurejew nichts, aber einige Tage später, als sich beide zufällig in einem Schwulenclub in Nizza begegneten, hatten sie sich nicht mehr viel zu sagen. Potts kehrte nach New York zurück, und das war das Ende ihrer romantischen Jahre, wie er es nannte. Ich bin schwierig, zu unabhängig, äußerte sich Nurejew über die Gründe der Trennung. Man will es, aber es ist zu schmerzhaft und gefährlich. Ein Tänzer kann mit niemandem sein Leben teilen. Ich erwarte, dass die anderen immer für mich da sind, aber wenn sie mich brauchen, bin ich nicht für sie da. Solange ich tanze, werde ich in keiner Beziehung leben. Natürlich versuchte er, sagte Christa Himmelbauer, mit verschiedenen Männern eine partnerschaftliche Beziehung aufzubauen, aber es kam dabei nie etwas heraus. Ich war mit Wallace Potts befreundet und habe ihn einmal gefragt, warum er sich von Rudolf getrennt habe. Er antwortete, es sei unerträglich gewesen, zum Beispiel die ständigen Reisen. Sie trafen müde in einer neuen Stadt ein, Potts nahm das Gepäck und fuhr ins Hotel, Nurejew direkt ins Theater. Wallace erholte sich im Hotel, Rudolf dagegen kam erst sehr spät zurück und fiel ins Bett. Wenn er morgens aufstand, verschwand er sofort ins Theater. Und so ging es immer weiter, ohne Ende. Es blieb überhaupt keine Zeit, um etwas gemeinsam zu unternehmen. Sie lebten nebeneinander her. Selbst wenn er mit Rudolf im Ballettsaal war, hatten sie keinen Kontakt, denn man durfte Rudolf bei den Proben nicht stören. Rudolf hatte nie Urlaub oder eine längere Auftrittspause. Es gab keine Zeit für einen gemeinsamen Alltag. Rudolfs Partner waren im Grunde seine Diener, die seine Anweisungen ausführten und auf Abruf zur Verfügung standen.

Man kann den Eindruck haben, dass Nurejew ein tief unglücklicher Mensch war. Die Bühne und erfolgreiche Auftritte sind schließlich nicht alles, was ein erfülltes Leben ausmacht. Daneben gibt es noch ein natürliches Bedürfnis, das Leben mit einer anderen Person zu teilen. Das fehlte völlig in seinem Leben. Aber wollte er das überhaupt? Am Anfang sicherlich schon. Das belegen die Briefe an Erik Bruhn, die jüngst gefunden wurden. Alles deutet darauf hin, dass es für beide die Liebe ihres Lebens war, die aber unerfüllt bleiben musste. Beide hatten ihre Karrieren, die in keinerlei Weise miteinander in Einklang zu bringen waren. Aus Bruhns Briefen geht hervor, dass er geradezu obsessiv um Nurejew warb. Vielleicht war es diese Erfahrung gewesen, die in Nurejew die Überzeugung reifen ließ, es sei besser, ein Herz aus Stein zu haben und alle Gefühle zu unterdrücken. Und dass das Wichtigste im Leben sei, sich voll und ganz auf die Arbeit zu konzentrieren, denn alles andere ist unsicher. Dies hatte auch Einfluss auf seinen späteren Umgang mit Freunden und Partnern. Jeder wurde ausgenutzt. Nicht anders war es mit seinen Sexualpartnern, die häufig nicht wussten, mit wem sie sich trafen. Sie erfüllten ihre Schuldigkeit und wurden wieder fortgeschickt. Er bekam genau das, was er wollte, ohne selbst etwas zu geben, manchmal sogar ohne ein Wort zu verlieren. Es ging so weit, dass er nicht einmal selbst zahlte, er gab lediglich der Hotelrezeption Anweisung, dem jungen Mann soundso viel auszuzahlen, oder sein Sekretär regelte das Ganze, wenn er gerade anwesend war. Anfangs organisierte er sich seine Stricher selbst, später machten das andere für ihn, die ihm an einen vereinbarten Ort einen bestimmten Callboy schickten. Oft mussten diejenigen, die Nurejew diesen Dienst erwiesen, auch die anfallenden Kosten tragen. Nurejew verlor viele ihm ergebene Menschen, weil er sie auf unverschämte Weise ausnutzte, und sei es für sexuelle Abenteuer.

Am 8. Oktober 1975 schickte er einen Brief an Fürst Rainier von Monaco. Er schrieb, er würde gern die monegassische Staatsbürgerschaft annehmen. Er habe dort ein Appartement. Er wolle in dem Land der Kunst leben und die Tradition fortsetzen, die Djagilew begründet und Colonel de Basil und Marquis de Cuevas weitergeführt haben. Der Fürst antwortete ihm Ende Oktober persönlich, Nurejew habe sein Einverständnis, er solle auf offiziellem Wege die entsprechenden Dokumente einreichen. Natürlich ging es Nurejew um die Steuerprivilegien, die die Bürger des Fürstentums genossen. Mit dem Tanz verdiente er atemberaubende Summen. Gleichzeitig zahlte er minimale Steuern, da er zum Beispiel eine Stiftung in Liechtenstein hatte, die er mit seinen

Honoraren finanzierte. Zudem ließ er sein Geld für sich arbeiten. Großen Gewinn machte er dank der Tipps von Jackie Onassis, die ihm beispielsweise riet, Gold zu kaufen, kurz bevor der Goldpreis in die Höhe schnellte. Aber bei der Vermehrung seines Vermögens half ihm vor allem Jacob Rothschild, der ein Finanzgenie war. Aktien, Investitionen, Indizes, Stiftungen ... Man darf nicht vergessen, dass Nurejew jahrelang das Geld im Koffer mit sich herumtrug. Er versteckte es unter dem Teppich oder unter dem Bett. An den merkwürdigsten und dämlichsten Orten. Damals misstraute er den Banken, jetzt aber wuchs sein Vermögen gerade dank der Banken beträchtlich.

1976 erhielt er seine erste Rolle in einem Spielfilm – die Hauptrolle in »Valentino«. Gedreht wurde zum Teil in Spanien während einer Hitzewelle, zum Teil in einem Londoner Filmstudio. Dem Regisseur Ken Russell sagte er gleich zu Beginn: Ich hoffe, du weißt, dass mich Frauen nicht interessieren. Natürlich ging es nicht ohne Skandal ab. Michelle Phillips war Sängerin der Band »The Mamas and the Papas«, später machte sie Karriere als Schauspielerin. Sie spielte die zweite Ehefrau von Rudolph Valentino, die Bühnenbildnerin Natacha Rambova. Eines Tages kam es am Filmset zu einem heftigen Streit zwischen ihr und Nurejew, der schrie: Nur weil du die Fotze im Film spielst, heißt das nicht, dass du sie im wirklichen Leben bist! Der Dreh wurde für einige Zeit unterbrochen. Die Schauspielerin bezeichnete dieses Erlebnis als das schlimmste in ihrem ganzen Berufsleben. Natürlich verzichtete Nurejew während der Dreharbeiten nicht aufs Tanzen. Er trat in mehreren Vorstellungen in Covent Garden als Ersatz für Anthony Dowell auf. Mit einer kleinen Gruppe von Tänzern probierte er verschiedene Ideen für eine Neuinszenierung von »Romeo und Julia« aus. Aber vor allem begann er mit den Proben zu »Pierrot Lunaire« – dem Ballett, das Glen Tetley für sich selbst geschaffen und mit dem er am 5. Mai 1962 in New York debütiert hatte. Jahrelang hatte sich Nurejew um Tetleys Erlaubnis bemüht, das Stück tanzen zu dürfen.

Er stand um vier Uhr morgens auf und verbrachte den ganzen Tag am Filmset, abends kam er zurück und probte mehrere Stunden. Seine Mittagspause verwandte er aufs Training. Er ernährte sich hauptsächlich von süßem Tee, den Luigi Pignotti in einer Thermoskanne für ihn bereithielt. Pignotti, ein Physiotherapeut aus Mailand, kümmerte sich um die Muskeln des Tänzers, war aber auch sein Leibwächter und ein wenig Mädchen für alles. Er wird Nurejew bis zum Ende seines Lebens begleiten. Die Rolle in »Pierrot Lunaire« wurde zu Nurejews Lieblingsrolle. Das Ballett erzählt von einem Mann, dem seine Unschuld gestohlen wurde, dem alles gestohlen wurde. Aber auch von einem Pierrot, der auf einem Turm mit den Mondstrahlen spielt. »Valentino« bekam nach der Premiere in den Vereinigten Staaten (Juli 1977) und in Europa (Oktober 1977) schlechte Kritiken. Aber für Nurejew war es keine verlorene Zeit, denn er konnte Russell bei der Arbeit beobachten, was ihm bei späteren Projekten von großem Nutzen war. Der Arbeitsprozess, sagte er, ist manchmal interessanter als das Ergebnis.

Er war sich seines Alters bewusst. In ein paar Monaten würde er vierzig werden. Für einen Tänzer ein stolzes Alter. Insbesondere bei einer derart intensiven Beanspruchung des Körpers. Bereits früher hatte man seine Muskeln mit Holz von Olivenbäumen verglichen. Sie waren unnatürlich hart. Schon damals litt er unter ständigen Schmerzen. Nur dank Bandagen, Schonern und Unmengen von Schmerzmitteln konnte er sich überhaupt bewegen. Tänzer leben mit dem Schmerz. Sie müssen es. Über die Jahre haben sie Methoden entwickelt, die eine Koexistenz ermöglichen. Ohne Physiotherapeuten setzte Nurejew keinen Fuß vor die Tür. Und seit einiger Zeit musste während der Vorstellung hinter der Bühne ein Stuhl für ihn stehen. Wenn es sein musste, war er bereit, auch auf einem Bein zu tanzen. Fonteyn gab ihm den Spitznamen »Rudolf-nicht-kaputt-zu-kriegen«. Er wusste, dass er sein Repertoire möglichst schnell um Werke des zeitgenössischen Tanzes erweitern musste. Denn nur so würde er noch eine Zeitlang auf der Bühne bleiben können. Immer und immer wieder suchte er nach neuen Auftrittsmöglichkeiten. Es war nie genug. Die Proben langweilten ihn. Er wollte auf die Bühne. Dort war sein Leben. Dort war Nurejew. Er tanzte also, ohne auf seine Gesundheit Rücksicht zu nehmen. Wenn ich nicht mehr kann, pflegte er zu sagen, wenn ich schon fast am Boden liege, dann hole ich das Letzte aus mir heraus und erringe die größten Triumphe. Tatsache ist, dass Nurejew unmittelbar nach den Dreharbeiten zu »Valentino« und der Wiederaufnahme seiner Arbeit am Royal Ballet am 18. November 1976 einige der besten Auftritte in seiner Karriere hatte. Denn damals während der Dreharbeiten, sagte Pignotti, bekam Rudolf etwas, was er nie zuvor gehabt hatte: Erholung für seinen Körper.

Hinzu kam die Rivalität mit Baryschnikow. Für Nurejew war sie positiv. Dem jungen Tänzer fiel es wesentlich leichter, sich Techniken des zeitgenössischen Tanzes anzueignen. Nurejew tat sich damit schwer. Und das, was Nurejew tanzte und machte, tanzte und machte auch Baryschnikow. Ich gehe den gleichen Weg, sagte er, er hat mit Paul Taylor gearbeitet, ich auch, er hat mit Martha Graham gearbeitet, ich auch. Nurejew spielte in einem Film, Baryschnikow auch (in »The Turning Point«, für den er eine Oscar-Nominierung als bester Nebendarsteller erhielt). Nurejew inszenierte den »Nussknacker« oder »Don Quichotte«, Baryschnikow auch. Die Aufzählung ließe sich endlos fortsetzen. Aber dieser Wettstreit spornte Nurejew an. Seit Baryschnikows Flucht hatte sich Nurejews Tanztechnik sichtlich verbessert. Er begann genau darauf zu achten, was und wo er tanzte, und tanzte nicht mehr wie bisher nur um des Tanzens willen. Auch die Flucht von Makarowa war für ihn eine Inspirationsquelle. Er war nicht mehr der Einzige. 1976 begannen sie, ungeachtet der Pariser Reibereien, ohne großes Aufheben gemeinsam aufzutreten. Zunächst tanzten sie in Covent Garden »Schwanensee«, dann in Paris »La Sylphide« und am Broadway in »Nurejew & Friends«. Diesmal liegen wir auf der gleichen Wellenlänge, sagte Makarowa, wir lernen uns immer besser kennen.

Im April 1977 begann er mit dem London Festival Ballet an einer Neuinszenierung von »Romeo und Julia« zu arbeiten. Einen Monat später war er in den Vereinigten Staaten, um vor dem Kongress aufzutreten. Er tanzte nicht, sondern nahm an einer Anhörung teil. Es ging – im Zuge des KSZE-Prozesses – darum, Mitgliedern seiner Familie die Ausreise aus der Sowjetunion zu ermöglichen. Er war ungewöhnlich konservativ gekleidet, sehr nervös, sprach langsam und stockend und so leise, dass man stellenweise nicht verstehen konnte, was er sagte.

Die Anhörung fand ein breites Echo in den Medien, aber es kam nichts dabei heraus. Trotz aller Bemühungen auf Regierungsebene beabsichtigten die Russen nicht, in diesem Fall einzulenken. Nurejew ging es vor allem um seine Mutter. Erst Jahre später konnten seine Verwandten ausreisen. Er war entsetzt, denn keiner von ihnen zeigte auch nur den geringsten Ehrgeiz, im Westen etwas aus eigener Kraft erreichen zu wollen. Jeder hoffte ausschließlich auf die Hilfe des berühmten Verwandten.

In Rekordtempo bereitete er die Premiere von »Romeo und Julia« vor, mit der im Sommer 1977 das Nurejew-Festival im Londoner Coliseum eröffnet wurde. Fünfundzwanzig Vorstellungen hintereinander. Aber dennoch sah Nurejew nicht alle Defizite dieser Produktion. Obwohl er sie später verbesserte, war die Inszenierung auch weiterhin nur eine Arbeitsfassung, und dabei blieb es. »Was in diesem Ballett gut war«, schrieb James Monahan in »Dancing Times«, »war wirklich sehr gut, aber was schlecht war, war einfach nur schrecklich.« Er stand vom 4. bis 9. Juli zum letzten Mal mit Margot Fonteyn in »Marguerite und Armand« auf der Bühne, tanzte die ganze Zeit in »Romeo und Julia« und trat mit Natalja Makarowa im Pas de deux aus »Le Corsaire« auf. Nurejew schien während des Festivals auf dem Höhepunkt seiner Möglichkeiten als Tänzer angelangt zu sein. Alle, die ihn damals gesehen haben, stimmen darin überein, dass seine Auftritte atemberaubend waren. Aber in der siebten Woche, gegen Ende des Festivals, geschah plötzlich etwas. Als ob die Wirbelsäule ihre Spannkraft verloren hätte. Bei der Arabeske taumelte er nach vorne. In den folgenden Monaten verblasste sein Glanz. Auftritte, in denen er wirklich gut war, wechselten immer häufiger mit durchschnittlichen Vorstellungen ab. Der Kritiker der »Los Angeles Times« schrieb, Nurejews Karriere neige sich dem Ende zu. Eine Woche später musste er seine Aussage revidieren, weil Nurejew plötzlich einen unerwartet brillanten Auftritt hatte. Für die Gala »Nurejew & Friends« im April 1978 in New York nahm Nurejew den Pas de deux aus »Le Corsaire« speziell ins Programm, um zu zeigen, dass er ihn immer noch tanzen konnte. Aber Anfang des Jahres 1979 erklärte ihm Rudi van Dantzig, der sich auf Einladung Nurejews

Mit Brigitte Stadler und Jolantha Seyfried in »Schwanensee«, Wien 1980

Mit Cynthia Gregory in »Giselle«, Wien 1980

in seinem Appartement im Dakota Building in New York aufhielt, dass er ihn nicht mehr für Auftritte mit dem Niederländischen Nationalballett engagieren werde. Heißt das, fauchte Nurejew, dass du mich rauswirfst? Bin ich zu alt, oder was?

Erneut erhielt er ein Angebot, in einem Film über Vaslav Nijinsky mitzuwirken. Die Anfrage kam vom Drehbuchautor Jean-Claude Carrière, und der geplante Titel des Filmes lautete »Nurejews Nijinsky«. Er sollte Fragmente aus Nijinskys Rollen tanzen sowie ein Ballett über das Leben des legendären Tänzers kreieren. Nurejew sah vor seinem inneren Auge sofort das Ballett »Jeux« aus dem Jahr 1913, ein Flirt während eines Tennisspiels zwischen einem Mann und zwei Frauen. Allerdings in der Fassung, die Djagilew sich gewünscht hatte, also ein Flirt zwischen einem Mann und zwei Jungen. Im Übrigen träumte Djagilew immer davon – Nijinsky schreibt darüber –, gleichzeitig Sex mit zwei Liebhabern zu haben. Kein Wunder, dass dieses Motiv Nurejew gefiel und er große Lust hatte, sich an diesem Vorhaben zu beteiligen. Seine Idee wurde jedoch vom Regisseur des Films abgelehnt. Ein Treffen in Paris verlief in frostiger Atmosphäre. Neben dem Regisseur Anthony Page war auch der Co-Autor John Heilpern anwesend, der Nurejew in der Wiederaufnahme von »La Sylphide« gesehen hatte, jedoch kein Wort über die Vorstellung verlor. Das irritierte Nurejew. Das Drehbuch ist scheiße, brach es aus ihm heraus. Ich würde mir damit nicht einmal den Arsch abwischen. Es ist so trivial, dass jede Diskussion Zeitverschwendung ist. Aus dem Film wurde natürlich nichts, aber wenig später tanzte Nurejew mit dem Joffrey Ballet in New York in »Le spectre de la rose«, »Petruschka« und »L'après-midi d'un faune« – drei Ballette, die Nijinsky berühmt gemacht haben. Nurejew tanzte einen Monat lang jeden Abend im bis auf den letzten Platz ausverkauften Theater. Die Aufnahme war nicht die beste. Besonders kritisiert wurde Nurejew für seinen »Petruschka«. Er hüpfe und winke mit den Armen, schrieb Arlene Croce, wie ein kleiner Junge, der dringend auf Toilette muss ...

Aber das alles war bedeutungslos angesichts des lang erwarteten Angebots von George Balanchine. Er offerierte Nurejew eine Rolle in der neuen Fassung von »Der Bürger als Edelmann«. Balanchine hatte dieses Ballett bereits 1932 und 1944 inszeniert. Er benutzte Musik von Richard Strauss zu Molières Komödie. Doch als die Proben 1979 begannen, stellte sich schnell heraus, dass Balanchine sich kaum an die früheren Produktionen erinnern konnte und ganz von vorn anfangen musste. An den Stellen, an denen Variationen vorgesehen waren, ließ er Nurejew freie Hand. Und Nurejew zeigte die für ihn typischen Schrittkombinationen. Der Gesundheitszustand des Choreographen verschlechterte sich gravierend, und so musste Susan Hendl die Proben zu Ende führen. Die Premiere am 8. April 1979 wurde kühl aufgenommen, denn das Ballett blieb weit unter Balanchines Möglichkeiten. Über die Hälfte waren pantomimische Szenen ... Balanchine, sagte Nurejew zu Freunden, will mir zu verstehen geben, dass es an der Zeit ist, von der Bühne zu treten. Andere legten ihm in Briefen den Bühnenabschied nahe und fügten an, es gebe doch schließlich so viele Dinge, die er nun machen könne. »In New York«, schrieb Lincoln Kirstein, »beobachtete ich ihn entsetzt und mit ungläubigem Staunen, zudem sprang er nicht höher als dreißig Zentimeter. Ich habe gelitten, ihn in dieser Form zu sehen.« Sich dessen nur zu bewusst, bereitete er sich im Sommer 1979 auf das nächste Nurejew-Festival in London vor. Margot Fonteyn war gerade sechzig geworden. Sie konnte nicht mehr auf der Spitze tanzen. Trotzdem trat sie mit ihm in »Le spectre de la rose« auf. Ihm dagegen bereitete in »L'après-midi d'un faune« ein gebrochener Zeh riesige Probleme zu knien und aufzustehen. Wenn ich auch nur für eine Minute zu tanzen aufhöre, sagte er, werde ich sterben.

An den Tod verschwendete Nurejew jedoch keinen Gedanken, denn er hatte gerade den halb so alten Robert Tracy kennengelernt, einen Eleven der School of American Ballet. Er war fasziniert von dem Jungen, mit dem er sich über antike griechische Literatur unterhalten konnte. Beide bewunderten Balanchine. Sie diskutierten über Musik, über viele Themen, die Nurejew wichtig waren. Er fühlte sich angezogen von der Verbindung aus Intelligenz und Jugend. Nurejew eröffnete ihm gleich zu Beginn ihrer Beziehung, dass er nicht der Einzige sei, dass er mit einer Menge junger Männer Sex habe. Ich tat das Gleiche, erinnerte sich Tracy. Ich war frei und nutzte das aus. Außerdem kannte Tracy seinen

Platz. Wenn Nurejews junger Pariser Freund Franck Raoul-Duval zu Besuch kam, verschwand Tracy. Nurejew hatte Raoul-Duval 1977 in Paris während der Aufführungen von »Romeo und Julia« kennengelernt. Freunde des Tänzers brachten ihn in seine Garderobe. Die beiden fanden sich auf Anhieb sympathisch. Sie unterhielten sich auf Russisch, denn der Einundzwanzigjährige hatte die Sprache in Moskau gelernt. Und nun, fasziniert vom Ballett, hatte er angefangen zu tanzen.

Nurejew begann für die Pariser Oper ein Ballett über Lord Byron vorzubereiten. Auf der Grundlage des dramatischen Gedichts »Manfred«, das dem Ballett seinen Titel gab, und Tschaikowskis gleichnamiger sinfonischer Dichtung. Nurejew zweifelte daran, dass sich Seelenschmerz im Tanz zum Ausdruck bringen lässt, aber Nigel Gosling, der am Libretto arbeitete, machte den Tänzer auf Byrons Tagebücher aufmerksam. Mit dem Ergebnis, dass sich im Ballett Fiktion und Szenen aus Byrons Leben vermischen, und der Zuschauer nach kurzer Zeit nicht mehr in der Lage ist, das eine vom anderen zu unterscheiden. Die Kritiken zur Premiere am 20. November 1979 fielen eher negativ aus. Man warf dem Choreographen vor, im Durcheinander bleibe unklar, worum es eigentlich gehe. Nurejew konnte aufgrund einer Verletzung die Premiere nicht tanzen. Als er das erste Mal in seiner Choreographie auftrat, konzentrierte er sich ausschließlich auf die Technik. Sie war derart kompliziert, dass man außer ihr nichts zeigen konnte. Ich weiß, gestand er einmal, ich bin kein Choreograph, aber irgendetwas muss ich tun.

Im Frühjahr 1980 wurde das Ballettensemble der Pariser Oper (erstmals nach zweiunddreißig Jahren!) zu einem Gastspiel nach New York eingeladen. Unter einer Bedingung: Nurejew sollte als Gast tanzen. Eine Gewerkschaftsdelegation und Charles Jude begaben sich zum Direktor Hugues Gall und erklärten, wenn Nurejew tanzen würde, würden sie nicht auftreten. Die Antwort des Direktors kam sofort: Es gibt keine Tournee! Ende November folgte der nächste, viel schmerzhaftere Schlag für Nurejew. Balanchine plante ein Tschaikowski-Festival und hatte versprochen, Nurejews Ballett »Manfred« ins Programm zu nehmen. Nurejew flog nach New York, um die Besetzung festzulegen.

Nachdem alle Details geklärt waren, erfuhr er, dass nichts daraus würde, da Balanchine der Ansicht war, Nurejews Ballett besudele die von ihm verehrte Musik Tschaikowskis. Er saß im Auto, erzählte Robert Tracy, und weinte wie ein Kind. Balanchine hatte ihm ein weiteres Mal einen Korb gegeben. Einen Monat später erreichte ihn die Nachricht vom Royal Ballet, das geplante neue Ballett für ihn, mit dem man Hans van Manen beauftragt hatte, werde verschoben. Auch das Festival Ballet wollte »Manfred« nicht ins Repertoire nehmen, obwohl es für 1981 geplant war. Zudem ließ ihm John Tooley ausrichten, dass kein Choreograph bereit sei, für ihn ein Stück zu schaffen. Und von Jiří Kylián erhielt er einen Brief, in dem es hieß, er könne keine Choreographie für ihn entwerfen. Anfang 1981 erwog Nurejew ernsthaft, seine Karriere als Tänzer zu beenden. Er wollte Ashton bitten, für ihn ein letztes Mal ein Ballett zu kreieren. Er hat mich auf diese Wiese geführt, sagte er, und es wäre schön, wenn er mich von dieser Wiese verabschiedet. Wochenlang schlug er sich mit dem Gedanken herum.

Anfang 1981 tauchten die ersten Nachrichten über eine mysteriöse Krankheit auf. Eine tödliche noch dazu. Rasch war klar, dass es sich um eine ansteckende Krankheit handelte. Sie betraf die amerikanischen Homosexuellen. Und es gab kein Medikament dagegen. Im Übrigen wusste man damals nichts über die Krankheit. Nurejew interessierte sich sehr für diese Geschichte. Zur gleichen Zeit war er als Schauspieler im Gespräch für den Spielfilm »Gefährliches Dreieck« unter der Regie von James Toback (der Film kam 1983 in die Kinos ... und sorgte für Lachsalven, vor allem wenn Nurejew sprach. Aber auch seine Schauspielerei war miserabel. Er erklärte stolz, er habe keine einzige Szene des Films gesehen). Aus Versicherungsgründen war ein Bluttest erforderlich. Mein Arzt, teilte Nurejew mit, wird das entsprechende Attest schicken. Alle Medien berichteten inzwischen über die Epidemie und informierten, dass sexuelle Abstinenz der beste Gesundheitsschutz sei. Nurejew bekam es mit der Angst zu tun, weil er ahnte, er könnte sich angesteckt haben. Trotzdem hatte er nicht die Absicht, seine sexuellen Gewohnheiten zu ändern. Sex war für Flaubert befreiend, sagte Nurejew, fasziniert von Notizen und Briefen des Schriftstellers aus

Ägypten, in einem Interview für das »New York Times Magazine« Ende 1981. Das gilt auch für mich, denn Sex ist wie Freiheit. Flaubert hatte diese Freiheit mit Syphilis bezahlt, und Nurejew befürchtete, dass auch seine Freiheit nicht ungestraft blieb.

1982 kehrte er zum Royal Ballet zurück, um in »Schwanensee« und »La Bayadère« zu tanzen. Besonders reizte es ihn, die jungen Tänzer des Londoner Ensembles in »Das Königreich der Schatten«, einem Akt aus »La Bayadère«, anzuleiten. Gleichzeitig führte Nurejew Gespräche über die Übernahme der künstlerischen Leitung des Balletts der Pariser Oper. Man garantierte ihm Entscheidungsfreiheit bei der Wahl des Repertoires und eigene Auftritte. Für den neuen französischen Kulturminister Jack Lang war es wichtig, dass ein Star mit großer Persönlichkeit die Leitung des Ensembles übernehmen würde. Es war also nicht verwunderlich, dass Nurejew der Wunschkandidat war. Nurejew selbst aber hatte Zweifel. Ich habe ein seltsames Gefühl, gestand er Nigel Gosling, denn dies bedeutet definitiv das Ende der Jugend und dergleichen. Nichtsdestoweniger trat er im Februar 1983 offiziell den Posten an der Pariser Oper an. In einem Theater, das berühmt ist für seine Bürokratie. Konflikte mit der Direktion waren vorprogrammiert. Sylvie Guillem, die an der Pariser Oper tanzte, erinnerte sich: Als er zu uns kam, waren wir ein Ensemble aus jungen und sehr begabten Tänzern. Er wusste das hervorragend auszunutzen. Die Hierarchie im Ensemble war ihm egal, wenn er ein Talent erkannte, förderte er es. Als Erstes gab er mir eine Rolle in seinem »Don Quichotte«, eine kleine Rolle im zweiten Akt. Die erste Hauptrolle war Odette/Odile in »Schwanensee«. Dann hob er mich in den Rang einer »étoile« (Primaballerina) und ich begann mit ihm zu tanzen, unter anderem in »Giselle«, »Schwanensee«, »Don Quichotte« und »Cinderella«. Es waren sehr viele Ballette, in denen wir gemeinsam auftraten.

Als er die Leitung des Ballettensembles der Pariser Oper übernahm, hatte er es nicht leicht, erinnerte sich Roland Petit. Seine großen Ballettproduktionen bescherten ihm riesige Erfolge, aber alles, was die Verwaltung betraf, war äußerst kompliziert. Ich habe dort selbst gearbeitet, ich weiß also, wovon ich spreche. In einem so großen Theater, mit einem phantastischen Ensemble, gibt es sehr viele Chefs. Zur Unterzeichnung eines Vertrags bedurfte es der Zustimmung von mindestens vier Personen. Natürlich kann man es nicht allen recht machen, es gibt also zwangsläufig Probleme. Rudolf schuf wundervolle Ballette und verbuchte spektakuläre Erfolge, aber sobald er verreiste, brach alles zusammen und stand kopf. Überall nichts als Probleme und Unmöglichkeiten. Er hatte es schwer.

Es gab noch andere Dinge, die Nurejew sehr beschäftigten. Er hatte gerade erfahren, dass ein junger Freund aus Kanada gestorben war, der alle Symptome der neuen Epidemie gehabt hatte. Damals lernte er nach einem der Auftritte in Paris den jungen Arzt Michel Canési kennen, einen Facharzt für Dermatologie und Venerologie, der gerade eine Praxis eröffnet hatte. Sie fanden sich auf Anhieb sympathisch. Kurz darauf kam der Arzt in die Wohnung des Tänzers am Quai Voltaire, um Blut abzunehmen. Er war sexuell sehr aktiv, sagte Canési, und wollte, dass ich ihn auf Syphilis teste. Bei dieser Gelegenheit erfuhr Nurejew, dass Canési einer kleinen Gruppe von Ärzten angehörte, die Frankreich auf das Auftreten der Seuche aus Amerika vorbereiten sollte. Damals wussten wir nicht, erzählte der Arzt, dass wir am Beginn einer verheerenden Epidemie standen. Nurejews Freunde warnten ihn, er solle beim Sex sehr vorsichtig sein.

Am 21. Mai 1982 verstarb unerwartet Nigel Gosling. Ein sehr wichtiger Mensch in Nurejews Leben. Die einzige Person, die – wie er selbst sagte – seine Gedanken in Worte kleiden konnte. Seine engste Londoner Familie, bei der er wohnte, aß, weinte und lachte sowie stundenlang über Gott und die Welt diskutierte. Nigel und seine Frau Maude. Sie hatten sich bei Nurejews erstem Auftritt in London anlässlich einer Gala, die Fonteyn organisiert hatte, kennengelernt. Damals, im Mai 1982, war Nurejew das erste und letzte Mal auf einer Beerdigung. Er glaubte, sich um die Witwe kümmern zu müssen. Er schlug ihr vor, zu ihm in die riesige Villa in der Fife Road zu ziehen. Sie schlug sein Angebot aus, weil sie das Haus in der Victoria Road nicht aufgeben wollte. Also zog er zu ihr und wohnte nicht mehr in seinem Londoner Haus. Er hatte ein Zimmer im Erdgeschoss. Der Fußboden war übersät mit

Kleidern, Büchern, allem Möglichem. Daneben befand sich ein kleines Zimmer, in dem Luigi Pignotti, sein Masseur und jetzt auch sein Chauffeur, wohnte. Rudolf lud Maude zu den Vorstellungen ein. Er hat mir so viel Liebe geschenkt, erzählte sie einer Freundin, er war so freundlich und liebevoll zu mir. Er nahm sie mit zu den Proben ins Royal Ballet, wo er eine weitere eigene Choreographie vorbereitete. »Der Sturm«, ein Ballett nach Shakespeares gleichnamigem Drama, wurde am 2. Dezember 1982 uraufgeführt und erhielt sehr gute Kritiken. Allerdings wurde es recht schnell wieder vom Spielplan abgesetzt. Im Frühjahr 1983 begann man sich Sorgen um Nurejew zu machen, der plötzlich viele Kilo an Gewicht verlor. Auf die Entwicklung eines Tests musste man noch ein Jahr warten, aber auch so war sich Nurejew sicher, dass er die Seuche hatte.

Im September 1982 fuhr er nach Italien. Die Stadt Positano wollte ihn mit einem Preis auszeichnen. Organisiert wurde das Ganze von Franco Zeffirelli, der dort die wunderschöne, im Hang gelegene »Villa Treville« besaß, von der aus man einen herrlichen Blick über die Bucht hatte. Die Villa bestand aus drei einzelnen Gebäuden. In einem davon, dem Roten Haus, hatten – als die Immobilie noch in russischem Besitz gewesen war – Nijinsky und Djagilew gewohnt. Angeblich hatte man es damals speziell umgebaut, damit Nijinsky in ihm üben konnte. Aber Nurejew konnte dort nicht übernachten – was ihm natürlich nicht schmeckte –, denn Zefferelli hatte zur gleichen Zeit Gregory Peck und seine Frau sowie den Hollywood-Produzenten Dyson Lovell und den Dramatiker Christopher Hampton zu Gast. Überdies hielten sich auf dem Anwesen natürlich jede Menge Jungen und Männer auf. Die Ehrung der Stadt langweilte Nurejew maßlos, zumal der Bürgermeister eine außerordentlich lange Rede hielt. Vermutlich wollte er die Anwesenheit der Prominenz nutzen, um Werbung für die Stadt zu machen. Auch dem offiziellen Empfang konnte Nurejew nichts abgewinnen, vielleicht weil sein Interesse ausschließlich dem französischen Liebhaber eines guten Freundes von Zeffirelli galt. Nachdem sie im Boot über die Bucht zurückgekehrt waren, verschwand Nurejew zwischen den Felsen, um sich mit seiner neuen Bekanntschaft zu vergnügen. Der nächste Abend verlief ähnlich. Als Nurejew wieder vor der Villa auftauchte, fand er das Tor verschlossen vor. Er musste lange hämmern, bevor man ihm öffnete. Nurejew war stinkwütend. Er begann alles zu zerstören, was ihm in die Quere kam. Als Erstes zerschlug er die riesigen, symmetrisch aufgestellten Terrakottavasen auf der Treppe, die sich durch den Garten schlängelte. Als er schließlich ins Haus gelangte, riss er eine bronzene Vorhangstange herunter und zertrümmerte mit ihr das Porzellan auf den Konsolen. Er warf alles aus seinem Zimmer, was er ans Fenster tragen konnte. Dann stürzte sich Zeffirelli mit einem der kräftigeren Jungen auf Nurejew, um ihn zu bändigen. Luigi kam dazu und ging sofort dazwischen. Komm Rudi, rief er, wir gehen. Sofort! Als sie das Grundstück verließen, zog er seine Hose herunter, hockte sich hin und kackte. Auf diese Weise zeigte er, was er von der Gastfreundschaft des Regisseurs hielt. Lang wurde darüber diskutiert, ob Nurejew es tatsächlich am Eingangstor mitten auf der Straße getan hatte. Es gab Zeugen, die Stein und Bein schworen, dass es wirklich so gewesen sei. Luigi Pignotti schwieg diplomatisch.

Er wird ein guter Direktor sein, prophezeite Ninette de Valois, als Nurejew Chef des Balletts in Paris wurde, und fügte hinzu: Er kann einen guten Choreographen, einen guten Ballettpädagogen, aber vor allem einen guten Tänzer erkennen. Einige Monate später legte Nurejew jedoch sein Amt nieder. Grund waren erhebliche Differenzen in Besetzungsfragen. Er akzeptierte weder Hierarchien noch Regeln. Wenn ein Tänzer wirklich gut war, wollte er ihm gleich eine Chance geben und eine Solorolle tanzen lassen, statt wertvolle Zeit mit endlosen Zwischenschritten zu verlieren. Der Streit wurde entschärft, und Nurejew blieb an der Pariser Oper. Sein Hauptziel war es, ein Ensemble zu formen, das seine tänzerischen Eigenschaften hatte. Er engagierte gute Ballettlehrer: Elizabeth Anderton, Claire Motte und Yvette Chauviré. Zudem entließ er den Verwaltungsdirektor und berief Thierry Fouquet auf diesen Posten. Nach seinen Vorstellungen sollte sich das Repertoire zur Hälfte aus klassischen Balletten und zur anderen Hälfte aus zeitgenössischen zusammensetzen. Im Grunde eine naheliegende Idee, nicht aber für die Pariser Oper, in der bis dahin nur klassisches

Ballett zu sehen war. Außerdem beabsichtigte er, den Franzosen das Werk ihres Marseiller Landsmannes Marius Petipa näherzubringen, des berühmtesten Choreographen der Geschichte des Tanzes. In anderen Ensembles bildeten Petipas Choreographien die Grundlage des Repertoires, in Paris hingegen war sein Schaffen nahezu unbekannt. Nurejews erste Premiere sollte »Raymonda« sein. Die Tänzer waren von den Proben und der Arbeit mit Nurejew begeistert. Die Proben endeten mit Applaus. Kein Wunder, dass Nurejew wenig später erklärte, er habe sein Nest gefunden, in dem er sich wohlfühle. Nach der Vorstellung ging er gern zu Fuß nach Hause und schaute sich unterwegs die Auslagen der Geschäfte an. Die Antiquitätenhändler wussten das und stellten die entsprechenden Objekte ins Schaufenster. Beim Tanzen, sagte er, denke ich an meinen Schrank, und das inspiriert mich. Und in einem Interview mit »Paris Match« verriet er: Ich habe nur einen Traum, es ist immer der gleiche, dass ich eines Tages meine Mutter hier begrüße. Auf sie warte ich hier.

Anfang 1984 besuchte Nurejew das Institut Pasteur – er hatte sich unter dem Namen Potts angemeldet –, wo Dr. Willy Rozenbaum ihm Proben aus den Lymphknoten entnahm. Man konnte in ihnen bereits die für Aids charakteristischen Antikörper finden. Rozenbaum rief Canési an und bestätigte, was Nurejew geahnt hatte. Er war krank. Nurejew nahm die Nachricht gefasst auf. Zumal er nicht viel tun konnte. Seine Geschlechtspartner konnte er nicht warnen oder informieren, weil es zu viele waren und er von den meisten nicht einmal den Namen kannte. Er konnte seine Erkrankung auch nicht öffentlich machen, da die Tänzer dann, wie er meinte, Angst gehabt hätten, mit ihm aufzutreten. Zu dieser Zeit, als man noch wenig über HIV wusste, wäre dies selbstverständlich das Ende seiner Karriere gewesen. Keine Auftritte mehr. Und die Presse wäre ihm auf Schritt und Tritt gefolgt. Dabei wollte er weiter in Ruhe arbeiten. Er wollte auf der Bühne sterben. Erst einmal ließ er sich jedoch behandeln. Dreimal die Woche ging er ins Krankenhaus, wo er mittels Transfusion das einzig erhältliche Medikament verabreicht bekam, von dem man wusste, dass es das Fortschreiten der Krankheit verlangsamte. Aber Nurejew schaltete nicht auf Schongang. Er trat noch häufiger auf und saß noch häufiger im Flugzeug. Frühmorgens war er bereits im Krankenhaus, den Rest des Tages widmete er dem Ensemble der Pariser Oper. Er ging nur nach Hause, um zu schlafen – er litt immer schon unter Schlafproblemen – und um Bach auf dem Cembalo zu spielen. Nur Bach, denn dies, sagte er, gebe ihm das Gefühl, dass sein Leben in Ordnung sei und er alle Schwierigkeiten überwinden könne.

Nurejew hatte stets Lungenprobleme gehabt, aber im Frühjahr 1985, während der Vorbereitungen zu »Romeo und Julia« im Palais des Congrès in Paris, zog er sich eine Lungenentzündung zu. Der Arzt versicherte, die Entzündung habe glücklicherweise nichts mit seiner HIV-Erkrankung zu tun. Trotzdem trat er auf. Er tanzte die Rolle des Mercutio. Der Husten setzte ihm sehr zu. In der Szene, in der er aus einem Pokal trinken sollte, tanzte er zunächst auf der einen Seite der Bühne, wo man ihm schnell heißen Tee oder Brühe eingoss. Und dann lief ich, erinnerte er sich, auf die anderen Seite hinüber, wo ich eine zweite Portion bekam. Dennoch verbreitete sich schnell die Nachricht, Nurejew sei sehr krank. Immer häufiger hieß es, es handele sich um Aids. Die besorgten Freunde besuchten ihn, um sich selbst davon zu überzeugen, wie es wirklich um ihn stand.

Als Erster erschien Erik Bruhn und sah entsetzt, wie Nurejew seine Karriere als Tänzer, seine Gesundheit und sein Leben ruinierte. Aber er wusste auch, wie wichtig es für Nurejew war, auftreten zu können. Margot Fonteyn, die ihn auch in dieser Zeit sah, dachte, es sei bloß eine starke Erkältung, und riet ihm, die geplanten Vorstellungen von »Giselle« zu tanzen. Er musste jedoch seinen Auftritt absagen. Baryschnikow sprang für ihn ein. Wieder zurück in New York erklärte dieser: Ja, er ist tatsächlich sehr krank. Fonteyn schrieb später in ihrer Autobiographie, Nurejew habe ihr eine zweite Karriere als Tänzerin gegeben, eine Art Altweibersommer. Und beide verbinde ein untrennbares Band des Lebens, des Balletts und der Liebe zum Tanz. Intelligent und schnell, mit großem Sinn für Humor – ein wahres Phänomen des Tanzes.

Damals begann er mit den Arbeiten an einer neuen Choreographie. »Washington Square«, nach einem Roman von Henry James. So etwas kann sich nur ein Mensch im Fiebertraum ausdenken, möchte man meinen. Auf der Bühne ist alles: Cowboys, Ölsucher, Soldaten, Mitglieder des Ku-Klux-Klans, Ministrels mit schwarz bemalten Gesichtern, Barmädchen ... Die Musik von Charles Ives verstärkte zusätzlich noch den Eindruck des Chaos. Das Publikum konnte bereits nach wenigen Minuten die Handlung nicht mehr nachvollziehen. Zum Teil sah es auch nichts, weil die Sicht auf die Bühne durch eine riesige Konstruktion verdeckt wurde, die zugleich ein Haus und einen Platz darstellen sollte. Kein Wunder also, dass es bei der Premiere am 5. Juni 1985 zu Tumulten kam. Nurejew, der das Ballett unter denkbar schwierigen Bedingungen geschaffen hatte, war am Boden zerstört. Er hatte jedoch keine Zeit, lange darüber nachzudenken, denn es ging gleich weiter nach China und Japan, wo er seinen »Don Quichotte« inszenieren sollte. Obwohl er dort nur einen Bruchteil seiner normalen Gage erhielt, hatte er sich einverstanden erklärt, denn er konnte mit Ensembles arbeiten, die sich wirklich freuten, von ihm zu lernen. Und dies war mittlerweile die Ausnahme. Nach seiner Rückkehr tanzte er auf dem Edinburgh Festival, anschließend eine Woche in Manchester und danach in mehreren italienischen Städten. Luigi Pignotti, der Masseur, Leibwächter, Chauffeur und Mädchen für alles war, nahm auch die Aufgaben eines Impresarios wahr, was natürlich Sandor Gorlinsky missfiel, denn Pignotti schickte den Tänzer häufig an unpassende Orte.

Nurejew wollte tanzen und wollte das Geld, und das Wo und Wie waren jetzt nicht mehr so wichtig. Mehrfach trat er in Sälen auf, die dafür überhaupt nicht geeignet waren. Hauptsache er konnte tanzen. Dies war zum Beispiel am 10. Januar 1986 in der Stuttgarter Liederhalle der Fall. Auf dem Programm standen unter anderem Fragmente aus »Giselle«, ohne Bühnendekoration. Ich traf mich mit ihm vor seinem Auftritt, erzählte Christa Himmelbauer, als er sich aufwärmte. Wir begrüßten uns herzlich. Später signierte er mir dann einige Bücher über seine Person, die ich mitgebracht hatte. Nach der Aufführung ging ich in seine Garderobe. Als er mich erblickte, fragte er barsch, was ich hier zu suchen hätte? Überrascht antwortete ich, dass ich zu seinem Auftritt gekommen sei, um ihn tanzen zu sehen. Er antwortete, er wolle nicht, dass ich ihm zuschaue, schließlich würde ich seine Auftritte aus den guten Zeiten kennen. Heute sei er nicht mehr gut, er tanze nicht mehr in einem Operntheater, sondern in diesem Saal. Wenn man alt und hässlich werde, bleiben einem nur noch solche Auftrittsorte. Jetzt tanze er für diejenigen, die ihn vorher nicht gesehen haben, vielleicht könne er diesen Menschen noch etwas bieten. Uns aber, die wir ihn aus den besten Zeiten kennen, habe er nichts mehr zu geben. Außerdem wolle er, dass wir ihn aus der besten Zeit in Erinnerung behalten ... Das waren starke Worte, vor allem sich selbst gegenüber ... Ich ging nicht mehr zu seinen Auftritten. Erst wieder, als er zu dirigieren begann.

Aufgrund der vielen Auftritte konnte er seine Therapie nicht regelmäßig fortsetzen. Dr. Canési überließ die Praxis einer Vertretung und begleitete Nurejew auf Reisen. Damals hörte Nurejew ganz auf, sich um seine Gesundheit zu sorgen. Dafür hatte er nun einen Fachmann an seiner Seite. Das ist jetzt dein Problem, sagte er. Kümmere du dich darum, ich habe genug um die Ohren. Nach außen hin spielte der Arzt die Rolle des jungen Liebhabers. Ich hatte nie Sex mit Rudolf, gestand er später, obwohl es einmal fast dazu gekommen wäre. Ich fand ihn nicht attraktiv, aber vor allem wollte ich Distanz wahren. Trotz der Krankheit übte Nurejew keineswegs Enthaltsamkeit. Seine sexuellen Gewohnheiten schienen sich kaum geändert zu haben. Während in New York die Schwulensaunen von der Polizei geschlossen wurden, ging in Paris alles seinen gewohnten Gang, als wäre nichts geschehen. Und Nurejew besuchte die einschlägigen Orte. Jetzt drohte ihm wirklich nichts mehr. Er war todkrank und wusste, dass er sterben würde. Und dass er dabei andere ansteckte ...

Im Ballettensemble der Pariser Oper kam es immer wieder zu Skandalen. Zum Beispiel brach Nurejew dem Ballettpädagogen Michel Renault in einem Wutanfall den Kiefer. Oder der 9. November 1984, als er vor dem versammelten Ensemble erklären musste, warum in seinem »Schwanensee« so viel Nurejew ist. Dies war zugleich eine Gelegenheit, den Direktor – zu diversen Streitfragen – einem Kreuzverhör zu unterziehen. Oder im März 1986 dann die große Affäre mit Béjart. Nurejew hatte ihn eingeladen, ein Ballett zu inszenieren. Zuerst wollte Béjart den »Wunderbaren Mandarin« mit Nurejew in der Hauptrolle machen. Kurz vor Probenbeginn änderte er seine Meinung und entschied sich stattdessen für »Arepo« (Anagramm für Opera), eine Hommage an das Pariser Ballettensemble, natürlich ohne Nurejew. Während der Premiere stand Nurejew hinter der Bühne. Als sich Béjart mit den Tänzern verbeugte, bat er plötzlich um Ruhe und verkündete spontan, dass die jungen Tänzer Éric Vu-An (Béjart hatte sich in ihn verguckt) und Manuel Legris mit dem Titel »étoile« ausgezeichnet würden. Das Publikum applaudierte, Nurejew ließ sofort den Vorhang herunter. Er lief auf die Bühne und schrie, das sei wohl ein Scherz. Zwischen Nurejew und Béjart entbrannte ein Streit, wie ihn das ehrwürdige Gebäude des Palais Garnier noch nicht erlebt hatte. Die Direktion stellte sich hinter Nurejew. Später erschien in der Presse ein von Béjart und Petit unterzeichnetes Pamphlet, in dem diese zu beweisen suchten, dass nur sie allein befähigt seien, dieses Ensemble zu leiten. Petit behauptete zwar in seinen Memoiren, Béjart habe ihn zu diesem perfiden Manöver überredet, zwei Wochen zuvor hatte er jedoch bereits Nurejew in einem Interview brutal angegriffen. Nichtsdestotrotz schlug Nurejew ihm kurze Zeit später vor, seine Ballette in Paris aufzuführen. Dies geschah dann erst 1988 mit »Notre-Dame de Paris«.

Damals, im März 1986, hatte Nurejew jedoch ganz andere Probleme. Er erfuhr von Erik Bruhns Krankheit. Erik hatte den ganzen Winter über gehustet. Er rauchte wie ein Schlot. Als er schließlich seine Lungen röntgen ließ, stellte sich heraus, dass er an einem Tumor im Endstadium litt. Ein befreundeter Arzt schlug ihm vor, einen Mistelextrakt zu spritzen, eine Therapie, die er erfolgreich bei seinem Vater angewendet hatte. Bereits nach der ersten Injektion war klar, dass es nichts half. Ende März fuhr Nurejew vom Flughafen direkt ins Krankenhaus. Aber es gab keinen Kontakt zu Bruhn, der hohe Dosen Morphium erhielt. Nach einer Viertelstunde floh Nurejew in die Ballettsäle des National Ballet of Canada. Nur intensives Training konnte ihn vor der Verzweiflung retten. Er kehrte am nächsten Tag ins Krankenhaus zurück, aber weiterhin war kein Kontakt zu Bruhn möglich. Alles, was ich tun konnte, sagte Nurejew, war, mich ins Bett zu legen, ihn in den

Interview auf der Bühne der Staatsoper Wien, 1986

Arm zu nehmen und an mich zu drücken. Nurejew musste zurück nach Europa und von dort sofort weiter. Während seiner Auftritte auf den Seychellen erreichte ihn die Nachricht, dass Bruhn am 1. April gestorben war. Im Alter von achtundfünfzig Jahren.

Im Juli 1986 ging das Ballett der Pariser Oper auf Tournee durch die Vereinigten Staaten. In New York traten sie mit dem American Ballet Theatre in einer Gala auf, deren Erlös beiden Ensembles zugutekommen sollte. Nurejew tanzte mit Baryschnikow und Leslie Caron in einer Nummer, die von Fred Astaire inspiriert war. Die Kritiker waren sich einig, der Abend sei eine wahre Glanzvorstellung des Pariser Balletts gewesen. Alle bewunderten den enormen Fortschritt, den das Pariser Ensemble genommen hatte. Während Rudolfs Zeit, sagte Jerome Robbins, hat sich das Ensemble sehr stark weiterentwickelt: Als er dort anfing, waren sie nicht die Besten, und jetzt sind sie phantastisch. Die Kritik nahm Nurejews Ballett »Washington Square« sehr negativ auf, aber die Pariser Saison an der Metropolitan Opera insgesamt wurde zu einem Triumph, ja zur Sensation des Jahres erklärt. Es war ein doppelter Sieg für Nurejew, denn er hatte nicht nur in kurzer Zeit ein Ensemble auf sehr hohem Niveau geschaffen, sondern auch erneut New York erobert. Er stand wahrscheinlich zum letzten Mal in einem Blumenmeer auf der Bühne und nahm zwanzig Minuten lang die Ovationen des Publikums entgegen. Er war glücklich. Glücklich war er auch später, während des zweiwöchigen Urlaubs an der türkischen Mittelmeerküste. Aus den Vereinigten Staaten kam Wallace Potts, Robert Tracy war dabei (zwischen ihnen war nicht mehr viel los, sagte Potts, ich glaube, Robert hatte zu mir einen besseren Kontakt als zu Rudolf) und natürlich der Arzt Canési sowie ein paar andere Freunde. Es waren für alle unvergessliche Tage. Potts sprach sogar von dem schönsten Sommer seines Lebens.

Nach seiner Rückkehr nach Paris begann er mit den Vorbereitungen zu »Cinderella«. Die Handlung hatte er in ein Hollywoodstudio der dreißiger Jahre des zwanzigsten Jahrhunderts verlegt. Die Uraufführung fand am 25. Oktober 1986 statt, und sowohl das Publikum als auch die Kritik fanden das Ballett gut. Nurejew trat in der Rolle des

Filmregisseurs auf. Im Grunde wollte er nicht mehr choreographieren, er wollte nur tanzen, tanzen, tanzen ... Und er tanzte! Baryschnikow überließ ihm zwei Aufführungen von »Giselle« in New York, mit der Begründung, das sei für ihn noch zu schaffen. Er bekam sogar gute Kritiken. Aber später trat er mit verschiedenen Ensembles in »Hommage à Djagilew« in der Provinz auf, was nach Meinung vieler Kritiker enttäuschend ausfiel. Seit Langem hatte er jede sich bietende Gelegenheit genutzt, um zu tanzen. Er war besessen von der Angst, sobald er mit dem Tanzen aufhöre, in Armut dahinvegetieren zu müssen. Dann bliebe ihm nichts anderes übrig, als auf der riesigen Farm in Virginia zu leben, die er vor einiger Zeit gekauft hatte, und Kartoffeln anzubauen.

Ende Juli 1987 wollte Nurejew den Urlaub des letzten Jahres wiederholen. Mit derselben Jacht vor der türkischen Küste kreuzen. Mit von der Partie waren unter anderem Potts (er wusste damals bereits, dass er auch HIV-positiv war), sein Bruder und Stephen Sherriff, ein junger Tänzer (während der Reise verlor Nurejew das Interesse an ihm). Aber es wollte keine rechte Urlaubsstimmung aufkommen. Nurejew war in sich gekehrt, ab und zu explodierte er, er litt wegen seines Knies, wollte sich an den gemeinsamen Unternehmungen nicht beteiligen und hatte ständig etwas auszusetzen. Er fühlte sich alt und krank. Nurejew ahnte, dass er sich einem schwarzen Tunnel näherte, aus dem es kein Entrinnen gab. Aus seinem Alltagswahnsinn herausgerissen, hatte er nun endlich Zeit, sich das bewusst zu machen. Ein schwarzer Tunnel und sonst nichts. Keine Bühne, keine Schritte. Nichts. Nur Dunkelheit.

1987 erhielt er eine Einreiseerlaubnis für Russland. Bisher galt er in seiner Heimat als Verräter, sein Name tauchte nirgends auf, und fast niemand wusste etwas von seinen Erfolgen. Am 14. November landete er in Moskau. Auf die Fragen der Journalisten antwortete er diplomatisch, er sei nicht überrascht gewesen, ein Visum zu erhalten, er habe gewusst, dass die Menschlichkeit am Ende siege. Er wurde von einem offiziellen Vertreter der französischen Regierung begleitet, denn er hatte Angst, in Sibirien zu enden. Er rief sogar Jacqueline Onassis an, die ihren Schwager Senator Edward Kennedy veranlasste, einen Brief an den russischen Botschafter in Washington zu schreiben, mit der Bitte, Sorge dafür zu tragen, dass Nurejews Reise problemlos verlaufe. Er besuchte seine kranke Mutter. Das Treffen, von dem er so viele Jahre geträumt hatte, war eine einzige große Enttäuschung. Sie hat mich nicht erkannt, beklagte Nurejew. Ganze zehn Minuten blieb er bei ihr. Er verbrachte ein paar Tage mit seiner Familie, mit der er kaum noch etwas gemeinsam hatte, und suchte in Ufa Orte auf, die für ihn früher einmal wichtig gewesen waren.

In Paris liefen die Vorbereitungen für seine fünfte Spielzeit im Palais Garnier. Die Eröffnung der Opéra Bastille stand bevor. Nurejew setzte sich dafür ein, dass der jetzige Ort ihrer Auftritte der feste Sitz des Ensembles wurde. Er verfasste zusammen mit Jean-Luc Choplin, der Direktor werden sollte, ein Manifest, in dem es hieß, der Tanz brauche ein eigenes Theater. Sie beabsichtigten, ein echtes Tanzzentrum zu schaffen, ausgestattet mit allem, was für die Ausübung, Archivierung und Verbreitung des Tanzes erforderlich ist. Auf einer Pressekonferenz in New York stellte Nurejew im Februar 1988 die Saison des Pariser Balletts sowie die geplanten Auftritte der Franzosen an der Metropolitan Opera vor. So wie er früher mit dem Royal Ballet regelmäßiger Gast an der Met war, so gelang es ihm nun, sein Ensemble dort unterzubringen. In dieser Spielzeit sollten sie Werke zeitgenössischer Choreographen präsentieren. Und dort, in New York, erhielt er die Nachricht vom Tod seiner Mutter. Ebenfalls dort feierte er am 17. März seinen fünfzigsten Geburtstag – mit einem Auftritt in »Giselle« mit dem American Ballet Theatre. Baryschnikow hatte sich breitschlagen lassen und ihm drei Aufführungen angeboten. Höhepunkt war jedoch eine Gala in der Metropolitan Opera am 26. Juni. Das Orchester dirigierte James Levine, Jessye Norman sang, und zu den Mitwirkenden gehörten neben Nurejew – der überhaupt nicht wusste, was ihn während der Gala erwartete – Partnerinnen, Partner und Choreographen, mit denen er im Westen gearbeitet hatte. Anfangs war er verärgert, da man so etwas zum Abschied mache, und sagte, dies sei seine Beerdigung, aber am Ende war er sehr glücklich. Später trat er in »Schwanensee« und im »Nussknacker« auf. An diesen Auftritten erfreute sich ein immer kleiner werdender Teil des Publikums. Es gab natürlich auch Vorstellungen, in denen er gut war, wie an der Mailänder Scala im selbigen Jahr, wo er im »Nussknacker« und in »Giselle« tanzte, aber im Allgemeinen waren seine Auftritte mehr als schlecht. »Selbst die einfachsten Schritte wollen ihm nicht mehr gelingen«, schrieb ein New Yorker Kritiker. Aber das schönste Geburtstagsgeschenk bereitete er sich selbst. Am 14. September wurde er für fast zweieinhalb Millionen Dollar Besitzer der drei kleinen Mittelmeerinseln Li Galli unweit von Neapel.

Nurejews Vertrag in Paris lief aus. Der Präsident der Opéra Bastille, Pierre Bergé, wollte ihn halten, begrenzte zugleich aber die Zahl seiner Auftritte in Paris. Außerdem verlangte er, dass Nurejew das ganze Jahr über vor Ort sein sollte und nicht wie bisher nur sechs von zwölf Monaten. Völlig ausgeschlossen, antwortete Nurejew empört. Wäre allerdings, wie er es plante, ein Tanzzentrum entstanden, hätte man vielleicht darüber sprechen können. Aber er wollte tanzen. Im Juni 1989 verschlechterte sich seine Verhandlungsposition zusätzlich, als bekannt wurde, dass er in den Vereinigten Staaten einen Dreijahresvertrag für Auftritte im Musical »The King and I« unterschrieben hatte. Jeder wusste, warum. Des Geldes wegen. Fast fünf Millionen Dollar. Im Vertragsentwurf der Pariser Oper befand sich auch ein Passus, in dem es hieß, Nurejew könne in seinen Balletten über die Premierenbesetzung entscheiden, die Besetzung der übrigen Vorstellungen obliege aber der Operndirektion. Im Juli schrieb Bergé Nurejew einen angeblich privaten Brief, in dem er dem Tänzer mehr oder weniger taktlos gute Ratschläge erteilte. Nurejew war wütend. Er blieb der Pressekonferenz fern, schließlich war sein Vertrag ja ausgelaufen. Zu allem Übel kam auch noch das Ringen um den Tänzer Kenneth Greve, den er engagiert und sofort in den Rang eines »étoile« gehoben hatte. Der fast zwei Meter große Tänzer wurde vom Ensemble nicht akzeptiert, die Tänzerinnen wollten nicht mit ihm auftreten. Schnell bekam er den Spitznamen »Nurejews Pfahl« (nicht wegen seiner Größe, sondern Nurejews passiver Rolle beim Sex). Alles an Greve erinnerte Nurejew an Bruhn. Er sah in ihm all das, was er an Bruhn bewundert hatte. Er verliebte sich. Mitte September erhielt Bergé einen Brief, in dem die

Tänzer ankündigten, streiken zu wollen, falls Greve in der kommenden Spielzeit noch dem Ensemble angehöre. Greve wollte freiwillig das Ensemble verlassen, aber Nurejew lehnte das ab, mit der Begründung, es gehe nicht um ihn, sondern um seine Person. Es kann nicht sein, sagte Nurejew, dass sie mir vorschreiben, wie ich das Ensemble zu führen habe. Damals wusste Nurejew noch nicht, dass er den Kampf um Greve verlieren würde. Er sorgte zwar dafür, dass der junge Tänzer sich eine hervorragende Technik erwarb, und ermöglichte ihm Auftritte in verschiedenen Ensembles, aber sein Herz konnte er nicht gewinnen.

Im Herbst 1989 ging Nurejew nach einigen Vorstellungen am Broadway mit »The King and I« auf Tournee. Ihm in diesem Musical zuzuschauen, sei eine Qual, so der allgemeine Tenor. Zum Glück fragte er seine Freunde und Bekannten nicht, wie er gewesen sei. Jeden Tag erkundigte er sich, wie der Kartenverkauf laufe. Es ging ihm natürlich wie immer nur um das Geld. In Paris dauerten die Gespräche an über einen neuen Kontrakt (Mario Bois vertrat die Interessen des Tänzers). Und da Nurejew keinen gültigen Vertrag besaß, sah er auch keinen Grund, in Paris zu bleiben und mit dem Ensemble zu arbeiten. Im September 1989 trennte sich Michail Baryschnikow vom American Ballet Theatre, nachdem seine Autorität dort systematisch untergraben worden war. Nurejew, der sich selbst gute Chancen ausrechnete, begann sich um Baryschnikows Stelle zu bewerben. In Ballettkreisen wusste man, dass er krank war. Die – privat geäußerte – Begründung lautete also, man berufe keinen Aidskranken auf den Direktorenposten eines stark verschuldeten Ensembles.

Anfang 1989 hörte Nurejew, dass Makarowa eingeladen wurde, am Kirow-Theater aufzutreten. Er rief den damaligen Direktor Oleg Winogradow an und fragte, ob er nicht als Nächster an die Reihe kommen könne. Am 16. November desselben Jahres kehrte er nach Leningrad zurück. Ich verließ die Sowjetunion, sagte er in einem Interview, als die Berliner Mauer gebaut wurde, und komme zurück, als sie niedergerissen wird. Wenn das keine Symbolik ist! Nach achtundzwanzig Jahren stand er wieder auf der Bühne des Kirow-Theaters. Im Museum des Theaters hängen die Porträts der großen Tänzer dieses Hauses.

Damals wurde auch ein Bild von Nurejew aufgehängt. Marina Wiwien, die Kuratorin des Museums, wartete vor dem Eingang auf ihn. Er war sehr originell gekleidet, erinnerte sie sich, und dermaßen gerührt, dass es schwer war, irgendetwas zu fragen oder zu sagen. Er brauchte einen Führer durch die Schule, in der er vor mehr als einem Vierteljahrhundert selbst Schüler gewesen war. Ich nahm ihn mit zum Museum. Dort waren eine Menge Leute, Journalisten aus der ganzen Welt. Wir kamen wegen des Gedränges kaum durch die Tür. Rudolf Nurejew brach in Tränen aus. Er drehte sich um und ging. Er hatte Angst, sagte Anna Udelzowa, ich würde ihn nicht treffen wollen. Aber da ihm unser Vaterland vergeben hatte, wieso sollte ich ihm da nicht vergeben. Sollte ich etwa päpstlicher sein als der Papst? Ich habe ihn empfangen. Wir haben uns umarmt, geküsst. Ich war so glücklich, dass meine Bemühungen nicht umsonst gewesen waren.

Wir alle freuten uns, erinnerte sich Dudinskaja, auf seine Ankunft in Leningrad. Sein Auftritt hat uns viel Freude bereitet. Er konnte stets höher springen und mehr Pirouetten drehen als die anderen. Aber das war nicht das Wichtigste. Was ihn auszeichnete, war die hohe Kunst des Tanzes. Schade, fügte Wiwien hinzu, dass wir ihn all die Jahre nicht tanzen sehen konnten. Aber wir waren glücklich, dass dieser große Tänzer, der uns verlassen hatte, endlich zu uns zurückkehren konnte. Das ist sehr wichtig. Schon damals schwer krank, tanzte Nurejew – falls man seinen Auftritt als tanzen bezeichnen möchte – in »La Sylphide«. Winogradow hatte es – vermutlich aufgrund eigener Komplexe oder aus Angst, Nurejew könne ihm drohen – abgelehnt, dass er in einem modernen Ballett auftrat. Er schlug »Giselle« oder »La Sylphide« vor, sonst nichts. Bei einer der Proben riss sich Nurejew den Wadenmuskel an. Er überlegte lange, ob er den Auftritt absagen sollte, wozu ihm fast alle rieten. Von Margot Fonteyn habe ich gelernt, sagte er, dass es zum Improvisieren immer reicht, selbst dann wenn du nicht mehr stehen kannst. Die überwiegende Mehrheit der Zuschauer, die ihn das erste Mal auf der Bühne sah, konnte nicht glauben, dass ein derart mittelmäßiger Tänzer eine solche glanzvolle Karriere machen konnte. Ein alter kranker Mann, der kaum über die Bühne gehen konnte. Später kamen

Männer, die behaupteten, er hätte sie damals infiziert. Es war deutlich zu erkennen, dass dieser Mann todkrank war.

Am 21. November 1989 unterschrieb Nurejew eine Vereinbarung mit der Opéra Bastille, in der er zur Kenntnis nahm, dass er nicht mehr Direktor des Ballettensembles der Pariser Oper war. Man bot ihm den Posten des Chefchoreographen an – dies bedeutete ein neues Ballett und eine Wiederaufnahme pro Spielzeit. Er lehnte ab. Neuer Ballettdirektor wurde Patrick Dupond. Im Restaurant ist er charmant, sagte Nurejew, aber mit klassischem Tanz kennt er sich nicht aus. Am 11. Februar 1990 trat er in San Francisco zum letzten Mal in »The King and I« auf. Es hatte keinen Sinn mehr, dieses Musical aufzuführen, denn die Zuschauer wurden immer weniger und die Besprechungen immer kritischer. Nurejew war von Vorstellung zu Vorstellung schlechter. Er vergaß seinen Text. Jeder sah und wusste das, aber er nicht. Er sah nur seinen leerer werdenden Kalender. Luigi Pignotti versprach, er werde auf der ganzen Welt auftreten. Hastig organisierte er eine Abschiedstournee, bei der Nurejew in »Apollo« tanzte – obwohl ihm dies von den Erben Balanchines verboten worden war – sowie in den »Liedern eines fahrenden Gesellen« von Béjart – der ihm dies bereits 1986 untersagt hatte. Er tanzte auch andere Stücke, an deren Schritte er sich kaum noch erinnerte. Denjenigen, die ihn aus früheren Zeiten kannten, zerriss es das Herz. Es war ein Bild des Jammers. Ein alter Tänzer, der schon nicht mehr auftreten konnte, es aber dennoch mit aller Macht versuchte. Krampfhaft, mit letzten Kräften, klammerte er sich an die Bühne. Wenn das Licht auf der Bühne erlöscht, sagte er, sterbe ich. Aber morgen werde ich wieder tanzen, morgen werde ich also neu geboren. Er war überzeugt, dass es ihm guttue, im warmen Klima zu trainieren, und dies der Grund sei, dass er so lange tanzen konnte. Er kaufte sich also eine Villa in der Karibik. Dort spazierte er mit Strohhut und Walkman nackt in der Sonne herum und hörte Sinfonien. Herbert von Karajan hatte ihm einmal gesagt: Mein Junge, wenn du lange leben möchtest, dann solltest du aufhören zu tanzen und anfangen zu dirigieren. Leonard Bernstein, sein Nachbar aus dem Dakota Building in New York, versprach, ihm dabei zu helfen. Kein Wunder also, dass

Nurejew eines Tages verkündete, Dirigent werden zu wollen. Er glaubte tatsächlich, dies würde ihm ein langes Leben garantieren, aber vor allem war es eine Möglichkeit, weiter vor Publikum auftreten zu können.

Im Mai 1990 traf sich Nurejew mit dem Präsidenten der Opéra Bastille. Sie wollen meine Ballette, aber nicht mich, kommentierte er anschließend. Er träumte davon, »La Bayadère«, Petipas Meisterballett, zu inszenieren. Kurze Zeit später war er in London, um am 30. Mai in »Romeo und Julia« in Covent Garden aufzutreten. Margot Fonteyn lebte damals in Armut, sie stand kurz davor, ihre Krankenversicherung zu verlieren, sie war gebrechlich, vom Krebs gezeichnet. Man beschloss daher, eine Gala zu organisieren, um Geld für sie zu sammeln. Nurejew sollte in der Rolle des Mercutio auftreten. Er mochte diese Rolle nicht, weil er in der Todesszene, wie er meinte, so lange sterbe, dass es schon peinlich sei. Am Tag der Probe tauchte er nicht im Theater auf. Zur Vorstellung erschien unter anderem Prinzessin Diana. Nurejew tanzte ... Hinter der Bühne stand Stephen Sherriff und rief: Weiter Rudolf, weiter! Viele im Publikum schauten nicht einmal hin. Sie wollten es nicht sehen. Das war kein Tanz ... Er hatte Angst vor dem Treffen mit Fonteyn. Seine Partnerin aus unzähligen Balletten lag im Sterben. Er besuchte sie später im Krankenhaus in Houston. Sie wollte nicht, dass man ihr das Bein amputierte. Nurejew scherzte, sie könne dann schließlich immer noch auf dem anderen hüpfen. Das Wichtigste sei, dass sie gesund werde. Fonteyn griff zum Hörer und sagte ihrem Arzt: Rudolf ist der Ansicht, es wäre gut für mich, wenn ich der Operation zustimme. Er denkt, ich werde gesund. Nurejew ging hinaus auf den Korridor und weinte wie ein kleines Kind. Später, als er sie anrief, gab es bereits keinen Kontakt mehr zu ihr. Fonteyn schied ruhig, mit sich und der Welt versöhnt, dahin. Während er in Chicago auftrat, erhielt er ein Telegramm: »Lieber Rudolf, Margot ist von uns gegangen, um die Tür zum Paradies zu öffnen ...« Sie starb am 21. Februar 1991. Nurejew verbrachte den ganzen Tag allein im Hotelzimmer. Kurz vor seinem Auftritt erschien er im Theater. Nach der Vorstellung, er war bereits in seiner Garderobe, hörte er, wie jemand von Fonteyns Tod sprach. C'est la vie, sagte er. Nurejew hatte Angst vor dem Tod. Er hatte Angst vor dem eigenen Sterben. Als er vom Tod Bernsteins erfuhr, verließ er sofort seine Wohnung im Dakota Building. Er wollte nicht neben einer Leiche sein. Sowohl Bernstein als auch Karajan hatten ihm gesagt, dass Dirigenten lange leben – und beide weilten nicht mehr unter den Lebenden.

Am 26. April 1991 begann er eine dreiwöchige Abschiedstournee durch England. Die »Times« schrieb, die Leute verlangten ihr Eintrittsgeld zurück. Um die Säle zu füllen, wurden die Tickets zum halben Preis verkauft. Nurejew trat auf zur Musik vom Band. Er hatte immer gesagt, er werde nie ohne Orchester tanzen. Jetzt überzeugte man ihn, dass auf diese Weise mehr Geld für ihn übrig bliebe. In den Zeitungen erschien ein Foto von einem alten Nurejew mit Stock. Nicht erwähnt wurde, dass es sich dabei um die Rolle des Dr. Coppélius aus dem Ballett »Coppélia« handelte. Den letzten Auftritt hatte Nurejew am 3. Mai 1991 in London ... im Wembley Conference Centre. Am 24. Mai tanzte er in Verona in der Premiere – und danach ein paar weitere Male in Aufführungen – des Balletts »Der Tod in Venedig«. Natürlich die Rolle des Gustav Aschenbach. Alle schauten voller Bewunderung, wozu der alte Herr noch imstande war. Kurz darauf begann er in einem Privathaus in der Nähe von Wien mit einem Cellisten und zwei Geigern das Dirigieren zu proben. Am 25. Juni 1991 debütierte er im Palais Auersperg als Dirigent mit dem Wiener Residenzorchester. Auf dem Programm standen Werke von Haydn, Mozart und Tschaikowski. Er war ein guter Schauspieler, und wenn das Orchester es tolerierte, konnte er auch die Rolle des Dirigenten spielen – so das Urteil über seinen Auftritt. Fünf Tage nach seinem Debüt dirigierte er Strawinskys »Apollo« – Musik, zu der er so oft getanzt hatte.

Obwohl er kurz zuvor in Wien an den Nieren operiert worden war, verpflichtete sich Nurejew, einen Monat lang in Australien aufzutreten, da er eine saftige Krankenhausrechnung zu bezahlen habe. Damit begründete er seine Entscheidung. Er war davon nicht abzubringen. Also tanzte er in einer gekürzten Fassung von »L'après-midi d'un faune«. Seinen letzten Bühnenauftritt hatte er am 1. März 1992 in Budapest.

Rudolf Nurejew steht vor einem Fenster. Man sieht ihm, an seinem Gesicht, am schütteren Haar, die schnell fortschreitende Krankheit an. Und an den erschrockenen Augen, die für HIV-Kranke in der letzten Phase typisch sind. In etwas mehr als einem Jahr wird er bereits tot sein. Hinter ihm der Ausschnitt einer Felsenküste und das Meer. Es ist seine Insel unweit von Neapel. Das Filmteam dreht die letzten Szenen. Ein Film über ihn, über das Leben und den Tanz. In dieser Szene antwortet er auf die Frage, was nun? Wie wird sein weiteres Leben aussehen? Was sind seine Pläne? Er wisse, dass das Ende nahe ... Ich habe das Ballett der Pariser Oper verlassen, sagt er. Sandor Gorlinsky, der neunundzwanzig Jahre lang mein Manager war, ist gestorben. Ich habe eine Insel im Mittelmeer gekauft, und hier möchte ich mir über meine Zukunft Gedanken machen. Ob ich die Freuden des Lebens genießen möchte? Oder fortfahren werde, meine Füße zu schinden, um weiter auf der Bühne zu stehen? Ob ich auf der Farm in den Vereinigten Staaten leben beziehungsweise in Paris, London oder New York arbeiten will? Choreographieren, tanzen oder für Musicals arbeiten? Ich glaube, ich werde bald wissen, was das Beste für mich ist. Ich denke, der Tanz. Er tut mir generell gut, es gibt nichts Besseres. Mit neunundvierzig Jahren habe ich angefangen Klavier zu spielen. Ich musste etwas Neues ausprobieren. Vor jedem Auftritt habe ich Bach gehört ... Alle Immobilien, die ich besitze, befinden sich außerhalb der Stadt. Wenn ich unter Menschen bin, fühle ich mich unwohl. Irgendwie unecht. Wie bei einer Aufführung, nach der ich langsam wieder zu mir komme. Erst fernab der Menschen fühle ich mich gut.

Er erlebte alles in seinem Leben: Höhen und Tiefen. Aber unabhängig davon arbeitete er unermüdlich daran, dass seine Auftritte noch besser wurden. Seine Aufopferung für den Tanz, der immer, egal in welcher Situation, Vorrang genoss, war außergewöhnlich. Vielleicht war seine Einsamkeit der Preis, den er dafür zahlte. Seine Freunde und Bekannten wiederholten stets: Selbst wenn er mit uns zusammen war, war er einsam. Aber dieser arme Junge, der ein Prinz wurde, war überglücklich, dass er unzähligen Menschen mit seinem Tanz, seinen ausdrucksvollen und anmutigen Bewegungen, Freude bereitet hatte. Viele versuchten ihn nachzuahmen, sagte Alex Ursuliak, aber niemandem gelang es, weil ihnen das Charisma und der unstillbare Drang fehlten, noch tiefere Schichten der Interpretation freizulegen. Er verzauberte sein Publikum genauso wie die Beatles, er wurde zu einem Superstar, zu einer Attraktion des Jahrhunderts.

*

Am 17. März 1992 feierte Nurejew in der Tschaikowski-Straße in Sankt Petersburg seinen vierundfünfzigsten Geburtstag. Zum letzten Mal. Mehr als zwanzig Personen nahmen am Tisch Platz. Familie und Freunde. Nurejew fühlte sich kranker als je zuvor. Er saß auf dem Ehrenplatz, kreidebleich, abgemagert. Die Schwester der Hausherrin, eine Ärztin, warnte vor Aids, sie sagte, er müsse sein eigenes Besteck und seine eigenen Teller haben. Nurejew rührte fast nichts an. Am nächsten Tag flog er nach Paris, mit Zwischenlandung in Helsinki. Bevor er in Petersburg durch die Passkontrolle ging, drehte er sich noch einmal um und bat flüsternd, eine Kerze für ihn anzuzünden. In Helsinki organisierte sein Assistent einen Raum, in dem er sich ausruhen konnte: Seine Kleidung war klitschnass, also trocknete ich sie mit dem Föhn. Schließlich kaufte ich ihm ein T-Shirt mit der Aufschrift »I love Helsinki«, damit er etwas Trockenes anziehen konnte. Vom Flughafen in Paris wurde er sofort zum Ambroise-Paré-Krankenhaus nach Neuilly gebracht, wo die Ärzte schnell eine Herzmuskelentzündung und etwa einen Liter Flüssigkeit in unmittelbarer Umgebung des Herzens feststellten. Nur widerwillig stimmte er einer Operation zu. Als er aus der Narkose erwachte, sagte er: Ich lebe, ich lebe ...

Nachdem er in seine Wohnung am Quai Voltaire 23 zurückgekehrt war, hörte er auf, seine Medikamente zu nehmen. Jane Hermann überredete ihn, in New York bei der Aufführung von »Romeo und Julia« in seiner Choreographie das Orchester zu dirigieren. Er klammerte sich so sehr an diese Idee, dass er bereits am 21. April 1992 in New York eintraf. Zuvor hatte ihm sein Arzt jedoch geraten, seine Angelegenheiten zu regeln. Ich hatte Angst vor diesem Gespräch, aber es verlief sehr ruhig, erinnerte sich der Arzt. Mit Willensstärke, Tanz und immer neuen Zielen gelang es Nurejew, derart lange der Krankheit zu trotzen – in einer Zeit, in der es noch nicht die lebensverlängernden Mittel gab, über die die Ärzte heute verfügen. Am 14. April traf er sich mit dem US-Advokaten Barry Weinstein und der liechtensteinischen Anwältin Jeannette Thurnherr, um sein Testament aufzusetzen und offene Fragen im Zusammenhang mit der nach ihm benannten Stiftung zu klären.

Nurejew hatte nicht die Kraft, mehr als eine Probe mit dem Orchester zu leiten. Die Musiker beschlossen, ihm zu helfen und den Auftritt zu erleichtern. Mit Mühe zog man ihm am 6. Mai den Frack an. Er war zu schwach, um ihn zuzuknöpfen. Aber irgendwie schaffte er es allein zum Podest. Es war nicht perfekt, sagte David Richardson, aber sein Wille, es zu machen, war heroisch. Nurejew betrachtete diesen Abend nicht als Abschied von New York, sondern als eine Chance, neue Aufträge zu akquirieren. Er dirigierte noch in Wien und ein Studentenorchester in San Francisco. Das war das letzte Mal.

Als er schon krank war, erinnerte sich Christa Himmelbauer, erzählte er mir einmal, wenn er noch einmal auf die Welt käme, würde er alles ausnahmslos genau so wieder machen. Zehn Jahre lang war er aidskrank und war sich dessen voll bewusst. Er sprach außer mit dem Arzt mit niemandem darüber. Und natürlich schlief er weiterhin mit verschiedenen Partnern ... In den letzten Jahren seines Lebens küsste ich ihn auf die Wange, nicht auf den Mund. Ich wusste zwar, dass man sich über einen Kuss nicht anstecken konnte, aber er sah entsetzlich aus, sodass ich ihn nicht mehr so wie früher küssen konnte. Wir haben nie darüber gesprochen, aber er verstand es.

Ende Juli, nach seiner Rückkehr nach Paris, begann er mit den Proben zu »La Bayadère«, die am 8. Oktober 1992 an der Pariser Oper Premiere haben sollte. Aber Nurejew war bereits zu krank und kraftlos, um wesentliche Änderungen in der ursprünglichen Choreographie von Marius Petipa vorzunehmen. Als ob er Angst gehabt hätte, etwas Neues anzufangen, weil er sich nicht sicher sein konnte, ob die Kräfte reichen würden, es zu beenden. Er rechnete jeden Augenblick damit zu sterben. Aber vorher wollte er noch einmal seine Insel bei Neapel besuchen. Nur Wallace Potts und zwei Hunde begleiteten ihn. Er stand nur zu den Mahlzeiten auf. Abends sahen sie gemeinsam fern. Sie unterhielten sich nicht, denn beide hatten nicht die Kraft dazu. Potts war mit der Situation überfordert und nahm in Windeseile fünf Kilo ab. Kurz darauf erschien Nurejews neuer Assistent Barry Joule, der Francis Bacon bis zu seinem Tod im April 1992 begleitet hatte. Auch andere Besucher kamen vorbei. Aber Nurejews körperliche Verfassung verschlechterte sich dermaßen, dass er mit dem Hubschrauber von der Insel nach Paris gebracht werden musste. Als er die Insel verließ, wusste er, dass er nicht mehr hierher zurückkommen werden würde. Zum Abschied küsste er den Felsen von Li Galli.

Nurejews Pariser Wohnung hatte ihren Glanz verloren. Sie befand sich in einem verwahrlosten Zustand. Keine seiner Freundinnen, die sich um ihn kümmerten, war auf die Idee gekommen, die Wohnung aufzuräumen oder zumindest eine Putzfrau zu bestellen. Zudem wurde eine Pflegekraft gebraucht. Aber die Freundinnen waren der Ansicht, allein zurechtzukommen. Zumal Nurejew, der manchmal nicht einmal aufstehen konnte, um auf Toilette zu gehen, eine professionelle Hilfe nicht bezahlen wollte. Er sah nicht die Notwendigkeit. Gleiches galt für eine Putzfrau. Ich werde nicht fürs Fensterputzen bezahlen, erklärte er, wer braucht schon saubere Fenster zum Sterben? Seine ganze Aufmerksamkeit und die letzten verbliebenen Kräfte widmete er »La Bayadère«. Wenn er sich bei den Proben erhob, um etwas zu zeigen, fiel er sogleich hin. Er konnte nicht mehr normal sprechen, also flüsterte er. Während der Generalprobe lag er hinter der Bühne auf einem Teppich, während der Premiere auf Kissen gebettet in einer Loge auf der rechten Bühnenseite. Sieben Freundinnen kleideten ihn zu diesem festlichen Anlass an, aber nur zwei von ihnen durften ihn begleiten. Marika Besobrasova und Jeannette Thurnherr, die stolz waren auf ihren hohen Rang in der Hierarchie seines persönlichen Umfelds. Mit dabei waren auch sein Arzt Michel Canési und Luigi Pignotti. Als sich nach der Vorstellung und der obligatorischen Verbeugung der Tänzer der Vorhang erneut hob, traute das Publikum seinen Augen nicht. Nurejew betrat, von beiden Seiten gestützt, schleppenden Schrittes die Bühne.

Er war schweißgebadet. Mehrere Sekunden herrschte tödliche Stille, dann brach Applaus los. Nicht enden wollende Ovationen. Später verlieh der damalige Kulturminister auf der Bühne dem in einem Sessel sitzenden Nurejew den Verdienstorden »Chevalier de l'Ordre des Arts et des Lettres«. Nur seine Augen waren trocken. Einunddreißig Jahre zuvor hatte er an gleicher Stätte als gänzlich unbekannter Tänzer die Variationen aus »La Bayadère« aufgeführt. Damals hatte Paris Rudolf Nurejew zum ersten Mal gesehen. Und nun nahm das gleiche Paris mit »La Bayadère« für immer Abschied von ihm. Zum letzten Mal zeigte er sich dem Publikum.

Er kehrte mit dem Arzt im Auto zum Quai Voltaire 23 zurück. Beide wussten, dass der Arzt ihn zu seinem Sterbebett brachte. Dass sie einen sehr langen Weg zusammen zurückgelegt hatten. Sie näherten sich dem Ziel. Beide. Der Arzt und sein Patient. Dann – wie könnte es anders sein! – fragte ihn der Arzt, ob er glücklich sei. Ja, sehr, flüsterte er, sehr glücklich.

Chronik

17. März 1938 – Nurejew wird in einem Zug der transsibirischen Eisenbahn unweit von Irkutsk geboren.

1949 – Beginn der Tanzausbildung bei Anna Udelzowa.

1950 – Weitere Tanzausbildung bei Jelena Woitowitsch.

1953 – Beginn der Ausbildung am neuen Ballettstudio des Operntheaters in Ufa; erste Auftritte als Komparse, später als Mitglied des Corps de ballet.

1. September 1955 – Beginn der Tanzausbildung am Choreographischen Institut Leningrad (der späteren Waganowa-Ballettakademie); drei Jahre lang besucht er die Klasse von Alexander Puschkin.

20. November 1958 – Erster Auftritt mit dem Ballettensemble des Kirow-Theaters – er wurde als Solist engagiert – in »Laurencia« mit Natalja Dudinskaja.

12. Dezember 1959 – Er tanzt das erste Mal in »Giselle« mit Irina Kolpakowa – sein größter Erfolg in Russland –, außerdem tritt er in »Le Corsaire«, »Don Quichotte«, »Schwanensee« und »Dornröschen« auf.

17. Juni 1961 – Auf dem Pariser Flughafen Le Bourget bittet er um politisches Asyl.

23. Juni 1961 – Erster Auftritt nach seiner Flucht – mit dem Grand Ballet du Marquis de Cuevas tanzt er in Paris in »Dornröschen«.

21. Februar 1962 – Erster Auftritt mit Margot Fonteyn – sie tanzen in »Giselle«.

10. März 1962 – Erster Auftritt in New York – er tanzt mit Sonia Arova den Pas de deux in »Don Quichotte«.

1962 – Er wirkt im Ballettfilm »La Sylphide« mit.

12. März 1963 – Er tanzt mit Margot Fonteyn in der Uraufführung von »Marguerite und Armand« von Frederick Ashton in Covent Garden in London.

1964 – Er beginnt an der Wiener Staatsoper als Tänzer und Choreograph zu arbeiten.

10. Juli 1964 – Premiere von »Raymonda« in seiner Choreographie auf dem Festival in Spoleto.

15. Oktober 1964 – Premiere von »Schwanensee« in seiner Choreographie an der Wiener Staatsoper – er tanzt mit Margot Fonteyn.

9. Februar 1965 – Uraufführung von »Romeo und Julia« in der Choreographie von Kenneth MacMillan – er tanzt die Rolle des Romeo.

1965 – Roland Petit verfilmt sein Ballett »Der junge Mann und der Tod«, in dem Nurejew mit Zizi Jeanmaire tanzt.

16. Mai 1966 – Uraufführung von »Tancredi« in seiner Choreographie an der Wiener Staatsoper.

22. September 1966 – Premiere von »Dornröschen« in seiner Choreographie in Mailand.

1. Dezember 1966 – Premiere von »Don Quichotte« in seiner Choreographie an der Wiener Staatsoper – er tanzt die Rolle des Basilio.

1966 – Er tritt im Ballettfilm »Romeo und Julia« auf – unter der Regie von Paul Czinner.

10. September 1967 – Erster Auftritt in »Apollo« in der Choreographie von George Balanchine an der Wiener Staatsoper.

17. November 1967 – Premiere von »Nussknacker« in seiner Choreographie in Stockholm.

29. Februar 1968 – Premiere von »Nussknacker« in seiner Choreographie in London.

25. Dezember 1968 – Er tanzt in der Uraufführung von »Denkmal für einen toten Jungen« in der Choreographie von Rudi van Dantzig mit dem Niederländischen Nationalballett.

1970 – Er tanzt in »Le sacre du printemps« in der Choreographie von Maurice Béjart in Brüssel.

1970 – Er spielt die Hauptrolle in einem Spielfilm über Vaslav Nijinsky unter der Regie von Tony Richardson – der Film bleibt unvollendet.

1972 – Er spielt im Musicalfilm »The Special London Bridge Special« unter der Regie von David Winters die Rolle des Tänzers.

1973 – Er verfilmt das Ballett »Don Quichotte« in seiner Choreographie.

1974 – Erste Gala »Nurejew & Friends« in New York – er geht mit seinen »Freunden« in unterschiedlicher Besetzung und mit verschiedenen Programmen auf zahlreiche Tourneen.

19. Juni 1975 – Er tanzt mit Margot Fonteyn in »Lucifer« in der Choreographie von Martha Graham.

1.–17. Juni 1976 – Erstes Nurejew-Festival in London.

1976 – Er spielt die Hauptrolle im Film »Valentino« unter der Regie von Ken Russell.

2. Juni 1977 – Premiere von »Romeo und Julia« in seiner Choreographie mit dem Festival Ballet in London – er tanzt die Rolle des Romeo.

8. April 1978 – Er tanzt die Rolle des Cléonte in »Der Bürger als Edelmann« in der Choreographie von George Balanchine – die einzige Choreographie, die Balanchine speziell für Nurejew schuf.

24. Juli 1978 – Dreifaches Debüt an der Metropolitan Opera in New York: in »Le spectre de la rose«, »Shéhérazade« und in »Le Conservatoire« von August Bournonville.

20. November 1979 – Uraufführung des Balletts »Manfred« in seiner Choreographie in Paris – er verletzt sich kurz vor der Premiere.

1982 – Er erhält die österreichische Staatsbürgerschaft.

2. Dezember 1982 – Uraufführung von »The Tempest« in seiner Choreographie in London.

1. September 1983 – Er wird künstlerischer Leiter des Ballettensembles der Pariser Oper.

20. November 1983 – Er tritt mit dem Pariser Ensemble in »Don Quichotte« in einer Mailänder Sportarena auf.

1983 – Er spielte im Spielfilm »Exposed« unter der Regie von James Toback.

1983 – Erste Gerüchte tauchen auf, Nurejew sei an Aids erkrankt.

16. April 1984 – Uraufführung von »Bach Suite« in seiner Choreographie (in Zusammenarbeit mit Francine Lancelot) in Paris.

20. Dezember 1984 – Premiere von »Schwanensee« in seiner Choreographie in Paris.

5. Juni 1985 – Uraufführung von »Washington Square« in seiner Choreographie in Paris.

1985 – Letztes Nurejew-Festival in London.

1. April 1986 – Erik Bruhn stirbt in Toronto – Nurejews einzige wahre Liebe.

25. Oktober 1986 – Premiere von »Cinderella« in seiner Choreographie in Paris.

1988 – Er beendet seine Arbeit als Choreograph und Tänzer an der Wiener Staatsoper.

1989 – Er gibt seinen Posten als Ballettdirektor an der Pariser Oper auf.

25. Juni 1991 – Er tritt erstmals als Dirigent mit dem Wiener Residenzorchester in Wien auf.

1991 – Letzte Tournee von »Nurejew & Friends« in Australien.

28. Februar 1992 – Er tanzt die Rolle des Engels in »Cristoforo« mit dem Ungarischen Nationalballett.

1. März 1992 – Er tritt zum letzen Mal als Tänzer in »Cristoforo« in Budapest auf.

6. Mai 1992 – Er dirigiert das Orchester bei der Aufführung von »Romeo und Julia« in seiner Choreographie an der Metropolitan Opera in New York.

17. Juli 1992 – Er tritt zum letzten Mal als Dirigent in San Francisco auf, wo er Beethovens dritte Sinfonie dirigiert.

8. Oktober 1992 – Premiere von »La Bayadère« in seiner Choreographie im Palais Garnier in Paris – nach der Aufführung wird er mit dem Verdienstorden »Chevalier de l'Ordre des Arts et des Lettres« ausgezeichnet. Sein letzter öffentlicher Auftritt.

6. Januar 1993 – Er stirbt im Krankenhaus Notre-Dame du Perpétuel Secours in Levallois-Perret.

12. Januar 1993 – Beisetzung auf dem russischen Friedhof Sainte-Geneviève-des-Bois (Essonne) bei Paris.

Autor

Jan Stanisław Witkiewicz ist Autor zahlreicher Bücher im Bereich Oper und Ballett. Zuletzt erschienen von ihm im Verlag Theater der Zeit »Vladimir Malakhov und das Staatsballett Berlin«, »Shoko Nakamura & Wieslaw Dudek« und »Beatrice Knop. Die letzte deutsche Primaballerina / Germany's Last Prima Ballerina«.

© 2016 by Theater der Zeit für die deutsche Ausgabe
2. Auflage, 2016
Originalausgabe © 2014 Wydawnictwo ISKRY, Warszawa

Texte und Abbildungen sind urheberrechtlich geschützt.
Jede Verwertung, die nicht ausdrücklich im Urheberrechts-Gesetz
zugelassen ist, bedarf der vorherigen Zustimmung des Verlages.
Das gilt insbesondere für Vervielfältigungen, Bearbeitungen,
Übersetzungen, Mikroverfilmung und die Einspeisung und
Verarbeitung in elektronischen Medien.

Verlag Theater der Zeit
Verlagsleiter Harald Müller
Winsstraße 72 | 10405 Berlin | Germany

www.theaterderzeit.de

Übersetzung: Andreas Volk
Lektorat: Nicole Gronemeyer
Coverfoto und Fotos im Innenteil: Werner Hammer
Covergestaltung: Gudrun Hommers
Satz: typegerecht, Berlin

Printed in Germany

ISBN 978-3-95749-068-1